ペーター・ヘーベルレの憲法論

立憲国家における憲法裁判を中心に

畑尻　剛　著

日本比較法研究所
研究叢書
122

中央大学出版部

装幀　道吉　剛

まえがき

——ウエーバーの歌劇「魔弾の射手」はロマン派
音楽の武器庫だ（フェリックス・メンゼルスゾーン）——

1934 年 5 月 13 日に生まれ、もうすぐ米寿を迎えることになる、ペーター・ヘーベルレ（*Peter Häberle*）は、戦後ドイツにおける重要な公法学者・国法学者の一人であり、その理論は現代の憲法学の問題を解明するために必ず立ち寄るべき武器庫である。

それはまず、ヘーベルレが憲法問題をトータルに理解・把握しようとしていることからいえる。その守備範囲は非常に広く、著書だけで 60 冊以上になる膨大な研究業績は、そのタイトルをみても、国家論の基本問題、憲法原理論、人権理論、比較憲法研究からドイツ統一、教育、家族、文化政策、文学、スポーツ、祝日休日、首都、国旗・国歌、平和問題などさまざまな問題を視野に入れている。

また、このような多様かつ豊饒な研究活動を時間軸でみると、そこに問題意識の時間的変遷をみることができる。つまり、彼の憲法論はつねにその時代の要請に応じて、あるいは時代を先取りして国法学に新しい領域、新しい考察方法を接近させあるいはこれらを開拓してきたといえる。彼の理論はその時代その時代が提起する最新の問題に対応するという姿勢で貫かれており、それを受け入れるか否かはともかくとして、時代が提起する問題を解明するためには彼の理論を避けて通ることはできない。

さらに、彼の理論は自己完結的な「閉ざされた」体系ではなく、その具体的な展開を各論者に委ねた問題提起的な「開かれた」体系である。したがって後に振り返ると、彼が提唱した問題領域や問題意識を後の者が精緻なものとして体系的に完成させるという形を取ることが少なくない。

そして何よりも重要なのが、その憲法論の根底に流れる人間に対する信頼である。

その鋭い問題意識、唯一無比の発想の背後には、人間の尊厳を中核とした、人間、社会、国家、世界に対する、「素朴」とさえいえる「信頼」がある。このような信頼に立脚するヘーベルレの理論について、「甘さ」を指摘する論者も存在する。しかし「広範」で、「徹底」した、「開かれた」、「あれもこれも」のヘーベルレ憲法論は、むしろ信頼に裏打ちされた「希望」に基づく「希望の憲法論」と称すべきものである。

立憲国家が、今まさに「不寛容」、「分断」、「不透明」、「閉塞」、「反知性主義」という危機的状況にある。ヘーベルレの「希望の憲法論」は、現下の危機的状況を打破するための有益な示唆を与えてくれる。

本書では、このようなヘーベルレ憲法論の意義を確認するために、まず、Ⅰでは、ヘーベルレの人とその活動を紹介する。Ⅱでは、膨大な著作によって提唱されているヘーベルレ憲法論の全体像を概観し、日本における受容と批判を通してその特質を明らかにする。Ⅲでは、ヘーベルレ憲法論の壮大な実験場となった、ドイツ統一における諸提案を通してその具体的な展開を探る。そして、Ⅳでは、Ⅱで確認されたヘーベルレ憲法論の特質が、憲法裁判という場でどのように具体的に示されているのかを検討する。憲法裁判は彼の憲法論の主たる対象の一つであると同時に私の問題関心の中心でもある。最後に、ヘーベルレの「開かれた憲法」論の特徴が明確な形で現わされているテーゼの一つである「世代間契約としての憲法」の具体的な展開を素描する（Ⅴ・Ⅵ）。

なお、追録として、Ⅱの初出論文を基にヘーベルレの古稀記念論文集のために書いたドイツ語の論稿を転載した。

2020 年 12 月

著　者

目　　次

凡　　例

1. ドイツの法文の翻訳

ドイツ連邦共和国基本法の翻訳は、原則として、初宿正典訳『ドイツ連邦共和国基本法』（信山社、2018年）にしたがった。

連邦憲法裁判所法および連邦憲法裁判所規則の翻訳は、原則として畑尻剛、工藤達朗編『ドイツの憲法裁判（第2版）―連邦憲法裁判所の組織・手続・権限―』（中央大学出版部、2013年）の「Ⅶ資料」にしたがった。

2. 連邦憲法裁判所の判例

連邦憲法裁判所の判例については、ドイツ憲法判例研究会編（編集代表：栗城壽夫、戸波江二、根森健）『ドイツの憲法判例［第2版］』（信山社、2004年）、ドイツ憲法判例研究会編（編集代表：栗城壽夫、戸波江二、石村修）『ドイツの憲法判例Ⅱ［第2版］』（信山社、2006年）、ドイツ憲法判例研究会編（編集代表：栗城壽夫、戸波江二、嶋崎健太郎）『ドイツの憲法判例Ⅲ』（信山社、2008年）ドイツ憲法判例研究会編（編集代表：鈴木秀美、畑尻剛、宮地基）『ドイツの憲法判例Ⅳ』（信山社、2018年）に掲載されている判例については、それぞれ「判例Ⅰ」、「判例Ⅱ」、「判例Ⅲ」「判例Ⅳ」と略記した上で、以下の例にしたがい、それぞれの判例項目・担当者を示す。

例：BVerfGE 96, 375［判例Ⅲ 1：嶋崎健太郎］

3. ヘーベルレ『多元主義における憲法裁判』の引用

ペーター・ヘーベルレ著（畑尻剛・土屋武編訳）『多元主義における憲法裁判―P. ヘーベルレの憲法裁判論』（中央大学出版部、2014年）に掲載されているヘーベルレ論文の翻訳については、〈　〉内に該当頁を示す。

4.『ドイツの憲法裁判』の引用

畑尻剛・工藤達朗編『ドイツの憲法裁判［第2版］―連邦憲法裁判所の組織・手続・権限―』（中央大学出版部、2013年）に掲載されている論文については、執筆者名「表題」［憲法裁判］該当頁と表記する。

5. 参照拙稿略記

以下の拙稿を参照・引用する際には、アンダーライン部分を表記する。

「具体的規範統制<u>再論</u>―最近の憲法裁判所論との関連で―」法学新報103巻2・3号

(1997) 495/524 頁
「憲法訴訟法によらない憲法裁判―国家賠償請求訴訟における立法行為の憲法適合性審査を中心に―」ドイツ憲法判例研究会編（編集代表：栗城壽夫、戸波江二、畑尻剛）『憲法裁判の国際的発展―日独共同研究シンポジウム―』（信山社、2004 年）341/362 頁
「国家賠償請求訴訟における立法行為の憲法適合性審査―判例の類型化とその帰結―」中央ロー・ジャーナル 4 巻 4 号（2008）3/32 頁
「司法裁判所型違憲審査制における最高裁判所の役割―近時の最高裁判例の諸傾向に関連して―」ドイツ憲法判例研究会編（編集代表：戸波江二、畑尻剛）『講座憲法の規範力　第 2 巻　憲法の規範力と憲法裁判』（信山社、2013 年）335/364 頁
「連邦憲法裁判所の手続原理・総説」、「少数意見制」、「連邦憲法裁判所の権限」、「具体的規範統制」畑尻剛、工藤達朗編『ドイツの憲法裁判［第 2 版］―連邦憲法裁判所の組織・手続・権限―』（中央大学出版部、2013 年）137/140 頁；174/180 頁；279/281 頁；372/398 頁
「憲法の規範力と憲法裁判―ドイツの連邦憲法裁判所に対する世論調査を素材として―」法学新報 123 巻 5・6 号（2016）731/757 頁
「憲法裁判における『制度』とその『運用』―比較憲法の対象としてのドイツ連邦憲法裁判所が教えるもの」工藤達朗、西原博史、鈴木秀美、小山剛、毛利透、三宅雄彦、斎藤一久編著『憲法学の創造的展開　下巻　戸波江二先生古稀記念』（信山社、2017 年）391/409 頁
「制度とその運用―手続の概要」ドイツ憲法判例研究会編（編集代表：鈴木秀美、畑尻剛、宮地基）『ドイツの憲法判例Ⅳ』（信山社、2018 年）3/15 頁
「ドイツの連邦憲法裁判所の固有性と一般性」憲法理論研究会編『憲法の可能性〈憲法理論叢書 27〉』（啓文堂、2019 年）3/20 頁

I　人とその活動

目　　次

P. ヘーベルレ（*Peter Häberle*）は、その師、K. ヘッセの古希記念論文集[1]において、ヘッセの活動を、研究者としての活動、教育者としての活動そして実務法曹としての活動という三和音（トリアス）で説明しているが、この顰みに倣い、ヘーベルレ自身をその三和音で紹介する[2)、3)]。

1） H.-P. Schneider/R. Steinberg (Hrsg.), Verfassungsrecht zwischen Wissenschaft und Richterkunst, 1990, Heidelberg S. 107 f.

2） 最近の情報は、フォスクーレ(1) 18 頁と、ヨーロッパ憲法研究所の HP（http://www.bieur.uni-bayreuth.de/de/team/01_peter_haeberle/）によった。なお、ヘーベルレの経歴に関する邦語文献として、石川敏行 163 頁以下、栗城 ⑥ 66 頁以下、日笠 134 頁以下、Grundrechte 井上編訳 180 頁以下を参照した。

3） フランクフルター・アルゲマイネに掲載された「ペーター・ヘーベルレ還暦」と題する記事にはこうある。「ペーター・ヘーベルレは、説教壇の高みから教えを垂れるような国法学者ではない。しかし、彼は国法学に新しい領域、新しい考察方法を接近させあるいは開拓してきた。たとえば、基本法の内在する国家指導の原理としてのあるいはまた国家目標としての文化国家。これについてかなり以前から議論されている。ザクセン州の新しい憲法の中に『文化の保護』への国家の義務づけが受け入れられている。このような新しく呼び覚まされた関心はヘーベルレの多様な業績に源を発する。これと関連するのが文化の自由についての諸業績である。理論的に近接するのが立憲国家における祝日の保障に関するような非常にアクチュアルな問題についての業績、また学校法あるいは地方自治体における文化政策についての業績である。その最初の大著を改正に対して憲法によって保護される基本権の本質的内容に費やしたヘーベルレは働き者のシュヴァーベン人である。彼はその無限の労働力を自己宣伝するような使い方をしない。彼がシュヴァーベン出身であることを彼は言葉遣いにおいても性格においても否定しない。彼はゲッピンゲン出身である。彼は法律学をテュービンゲン、ボンそしてフライブルクで学び、そのフライブルクにおいて1961 年に後の連邦憲法裁判所裁判官コンラート・ヘッセの下で博士号を取得した。フライブルクでは、司法修習と平行して大学の研究助手であった。同地で1969 年に教授就任資格論文を提出した。そして同年マールブルク大学に招聘された。1981 年以来、バイロイト大学の公法、法哲学および教会法研究室教授である。これと並んで彼のまなざしは、シュヴァーベン人にとってふさわしく、学問的な外国に対しても向けられている。すでに学生時代に一時期モンプリエで過ごした。バイロイト大学での活動と並んで彼はザンクト・ガーレン大学の法哲学の客員教授でもある。研究年をベルリン科学アカデミーですごした。そ

(1) 研究者としての活動

1) ペーター・ヘーベルレは、1934年5月13日に、現在のバーデン＝ヴュルテンベルク州の州都シュトゥットガルトの東、鉄道模型のメルクリンで有名なゲッピンゲン（Göppingen）に生まれた。テュービンゲン大学、ボン大学、フライブルク大学（ブライスガウ）、フランスのモンペリエ（Montpellier）大学で法律学を学んだ後、1961年にフライブルク大学のK.ヘッセの下で法学博士号を取得した（Die Wesensgehaltgarantie des Art. 19 Abs. 2 Grundgesetz. Zugleich ein Beitrag zum institutionellen Verständnis der Grundrechte und zur Lehre vom Gesetzesvorbehalt, Heidelberg 1962 (Freiburger Dissertation - Freiburgerrechts - und staatswissenschaftliche Abhandlungen Bd. 21)）。1961年から1968年まではフライブルク大学の研究助手、バーデン＝ヴュルテンベルク州での司法修習を経て、1969年にフライブルク大学に対して教授就任資格論文を提出した（Öffentliches Interesse als juristisches Problem, Königstein/Ts. 1970 (Freiburger Habilitationsschrift)）。1969年には、マンハイム大学およびマールブルク大学より、1973年にはボッフム大学より招聘を受ける。1969年から1976年までマールブルク大学の公法および教会法の正教授、1974年から1975年には同大学の法学部長を務める。1976年にはアウグスブルク大学、1980年にはスイスのザンクト・ガーレン（St. Gallen）大学、1981年にはバイロイト大学より招聘を受ける。

永くバイロイト大学の公法、法哲学および教会法研究室正教授、ザンクト・ガーレン大学の法哲学の客員教授（2001年には同大学の名誉評議員（Ehrensenator）に選ばれている）を務めたが、現在は、1998年に受賞した国際交流に関するマ

の広範な研究業績にもかかわらず—ヘーベルレはG.ライプホルツの後任として公法年報を編集し、そこに彼は新機軸を試みそして最近ではドイツの新しい州における憲法の発展に注目した—ヘーベルレは集中的に教育活動に精力を注いでいる。彼は学生に耳をかたむけ、彼らの非常に多くと彼は卒業後もそれぞれの経歴にとって有益な関係を維持している。この金曜日にヘーベルレは還暦を迎える。」（Frankfurter Allgemeine Zeitung von 13. Mai 1994）。

ックスプランク研究賞（Max-Planck-Forschungspreis für Internationale Kooperation）を基金として設立された、ヨーロッパ憲法研究所：バイロイトヨーロッパ法・法文化研究所（Forschungsstelle für Europäisches Verfassungsrecht ; Bayreuther Institut für Europäischesrecht und Rechtskultur）の所長（Geschäftsführender Direktor）として、ここを拠点に国際交流、後進の指導そして執筆に力を注いでいる。

2） 主な経歴としては、ミュンヘンの政治学大学（Hochschule für Politik）の教授団構成員の他、ザルツブルクのヨーロッパ科学・芸術アカデミー会員（Mitglied der Academia Scientiarum et Artium Europaea in Salzburg）、ハイデルベルク科学アカデミー連携会員（1996年）（Korrespondierendes Mitglied der Heidelberger Akademie der Wissenschaften）、バイエルン科学アカデミーの正会員（1998年）、ベルリン科学アカデミーの客員研究員（Fellow am Wissenschaftskollege zu Berlin）[4)]、コルドバ法学・社会科学ナショナル・アカデミー外国連携会員（2007年）であり、また2011年からは外国の国法学者としてははじめてのイタリア国法学者協会の会員である。このほか、スペイン、アルゼンチン、ブラジル、ペルー、アメリカ合衆国各国の学会・研究所等の（名誉）会員も務めている。

3） 勲章も多数にのぼる：1996年には、イタリア国法論に対する学問的な貢献が認められ、イタリア共和国大統領よりイタリア功労勲章（Großoffizier des Verdienstordens der Republik Italien）が授与された。外国人の叙勲は非常にまれとのこと、ローマ大学およびトリノ大学客員教授やミラノ、ナポリなど各地での講演会イタリア憲法についての諸論稿を通じての活動が評価されたものである（Nordbayerischer Kurier von 11, Oktober 1996）。また、2010年には、オース

4） ベルリン科学アカデミーは、「学術研究の進歩発展のための機関としてベルリン・ダーレム地区に設置され、毎年国内外の様々な専門から成る著名かつ優秀な10人の研究者を招聘し、学術研究活動に従事させるものであり、ここに招聘されるということは、これまでの研究活動に対して与えられる最高の栄誉とされている。ヘーベルレ教授は、バイロイト大学の研究者としては初めてこの栄誉に輝いただけではなく、バンベルクを含めたドイツのオーバーフランケン地方でも二人目という偉業を達成された」（Grundrechte 井上編訳181頁）。

トリア一等科学文化名誉十字章（Ehrenkreuz Österreichs für Wissenschaft und Kunst I. Klasse）が授与されている。

さらには、ドイツ連邦共和国功労十字勲章（1997年）、国際協力に関するマックス・プランク研究賞（1998年）、イタリア憲法裁判所名誉顕彰メダル（2003年）、ペルー憲法裁判所名誉顕彰メダル（2003年）、バイエルン功労勲章（2007年）、ローマ・ラ・サピエンツァ大学名誉十字章（2009年）、ブラジル南十字星最高勲章（2011年）、リスボン大学栄誉メダル（2014年）。

また、テッサロニキ・アリストテレス大学法学部（1994年）、グラナダ大学（2000年）、リマ・カトリック大学（2003年）、ブラジリア大学（2005年）、リスボン大学（2007年）、ドビリシ大学（2009年）、ブエノスアイレス大学（2009年）他から、名誉博士（Ehrendoktor）が贈られている。

なお、グラナダ大学では2010年から「Peter Häberle 憲法調査センター」があり、2011年からはブラジリア大学にそれに対応する「研究センター」が存在する。

4） ヨーロッパ憲法研究所のHPに掲載されている業績一覧をみても、その主要なものが世界各国で翻訳、出版されていることが分かる（全体では18カ国語に翻訳されているという。以上のように、このドイツ公法学・国法学の泰斗の活動と影響はドイツ語圏にとどまらず広く世界に及んでいる[5]。

5） このことを示す象徴的な出来事があった。2011年、当時最も人気のあった若手政治家、国防大臣カール＝テオドール・ツー・グッテンベルク（Karl-Theodor zu Guttenberg）が以前にバイロイト大学に提出した博士論文に剽窃の疑いが指摘され、法学博士号が取り消され、辞任に追い込まれた（グッテンベルク事件）。この事件に関連して、博士論文を受理したヘーベルレにも非難が集まった。グッテンベルク事件でひどく傷ついたヘーベルレを励まそうと、弟子のM.コッツァー（ハンブルク大学教授）が世界中の研究者に声をかけて「世界規模の称賛—外国人教授・研究者はペーター・ヘーベルレ教授に関する報道について次のように主張する—」と題する意見広告を新聞紙上に掲載した（Süddeutsche Zeitung von 4. Mai 2011）。そこでは、「われわれはペーター・ヘーベルレの外国の友人および研究仲間として　カール＝テオドール・ツー・グッテンベルク国防大臣の辞任に伴う新聞報道において、ペーター・ヘーベルレのような研究者

5)　なお、永年にわたる、公法関係の有力雑誌の編集の仕事も重要である。「さまざまな重要雑誌（「ドイツ公行政（DÖV)」、「公法雑誌（AöR)」）に献身的に尽力し、またとりわけ「公法年報（JöR)」）の編者として30年にわたり活動しているが、これは十分称賛に値する」（フォスクーレ⑵25頁以下）。

⑵　教育者としての活動

へーベルレは、以上のような広範かつ多彩な研究活動と並んで、集中的に教育活動に精力を注ぎ、学生の多くと卒業後もそれぞれの経歴にとって有益な関係を維持している。そのことを示す興味深い例が、連邦憲法裁判所の前長官A. フォスクーレである。彼はヘーベルレの傘寿祝賀論文を著したが、その中で、バイロイトのヘーベルレゼミナールで最初の洗礼を受けたことにより、生涯にわたり続く影響を受けたが、古典的な形の学問的な師弟関係へと移ることはなく「付かず離れず」の関係にあると述べている（フォスクーレ⑴18頁）。

私が留学した当時（1989年）もバイロイト大学におけるヘーベルレの人気は抜群で、その名は他学部まで知れ渡っている。そのことは、工学部のある学生の次のような言葉にもあらわれている。「わがバイロイト大学には、二人の世界的に著名な教授がいる。世界一冷たい男と世界一熱い男である。一人は工学部で人工的な低温の世界記録を打ち立てた者、一人は法学部で公法学を熱く講じている」。

このことを雄弁に物語るのが、バイロイト大学法学部と経済学部の学生を対

の人格を正しく評価していない表現に気づかざるをえなかった。彼は、ドイツの学界の最も重要な代表者に数えられ、世界中の称賛を浴びている。私たち、私たちの学生そして院生にとって、ペーター・ヘーベルレは研究者として、そしてその教え子をつねにそして熱心に見守っている大学教授としてきわめて好ましい存在でありつづけており、そのことを表明することは私たちにとって重要かつ必要なことである。その人格上のそして学問上の清廉潔白性に疑いはない」という文章に続けて、スペイン、イタリア、南アフリカ、メキシコ、ブラジル、ポルトガル、アルゼンチン、日本、ペルー、スイスの研究者23名の署名がある。ちなみに、日本からは、井上典之教授と私がこの記事に参加した。

象として行われた学生による教授評価である。「学生は矛先を逆に向けた」といういささかショッキングな見出しでこのことを伝える地元紙（Nordbayerscher Kurier von 7/8. März 1992）によれば、アンケートの結果、圧倒的な支持を得たのはヘーベルレで回答の62％以上、つまり受講した学生の80人以上がヘーベルレの授業のやり方に最高点をつけた。この記事は、他の得点順位の高い教員、低い教員について言及しながら、次のように締めくくっている。「ヘーベルレに対する回答にこう書かれていた、『ヘーベルレとともにあることは一つの僥倖である』と」。

⑶　実務法曹としての活動

以上二つの活動に比べると、実務法家としての活動は、師であるヘッセが連邦憲法裁判所裁判官であったのに比して決して目立つものではない。ドイツの大学教授の多くが裁判所への鑑定書を多く手がけるのに対して、ヘーベルレは鑑定書を書かないことで有名である。彼は本質的に大学人であって、裁判官、弁護士などの実務法曹への道はあまり考えられない。しかし、近年では、旧東ドイツの憲法草案作成への参画をはじめとして、エストニア、ポーランド、ウクライナ、リトアニアなど、1990年代のいわゆる東欧革命以降の各国の憲法制定にさまざまな形で直接の助言を与えている（フォスクーレ⑵26頁）。

II　P. ヘーベルレの憲法論

――日本における受容と批判――

目　　次

1　ドイツ公法学におけるヘーベルレ

戦後のドイツ公法学は、法治国家原理を重視し、私的なものの領域あるいは個人主義的主観性を保障する必要性が強調される——従来支配的であった——静態的国家観・消極的基本権理解と、法治国家原理よりも社会国家原理・民主政原理を重視し、公的なものの強化を強調する動態的国家観・積極的基本権理解との対立を軸に展開されている（栗城①78頁以下、戸波①(1)84頁）。このようなシュミット・シューレ（旧傾向）とスメント・シューレ（新傾向）の二大潮流にあって、ヘーベルレは、スメント・シューレを、「ある意味で現在最もドラスティッシュな形で代表する一人」である（藤田①85頁、なお、同②363頁以下、石川敏行164頁以下、Grundrechte 井上編訳「編訳者あとがき」185頁以下、西浦② 138頁以下、林56頁以下、三宅286頁、渡辺康行①(3)128頁）。すなわち、民主主義的・社会国家的憲法理論の理論枠組として、多元的国民概念を前提に憲法を不断の合意形成過程に開かれたものとみなす憲法理解、すなわち、多元主義的憲法理論が主張されている。「この考え方はR. スメントの理論枠組を継承する論者、特にU. ショイナー、K. ヘッセといった人々の憲法理論の基本思想であり、それは、ヘッセを師とするペーター・ヘーベルレ……の憲法論において最も典型的に展開されている」（西浦③2頁）。

2　ヘーベルレの憲法論[1)]

よく知られるようにヘーベルレの憲法論の特徴として、基本権論、民主主義論、主権論といった分野にとどまらず、憲法論全体をカバーするその対象の広

1)　本章は、ヘーベルレの憲法論を対象とする。したがって、他の分野、特に、行政法学においてもヘーベルレ理論は広くわが国でも紹介され分析されているが—たとえば、村上92頁以下、229頁以下、239頁以下、300頁以下参照—、ここでは、行政法学の個別問題に関連した議論については対象としない。

範性があげられる。そしてその多様かつ豊饒な憲法論は、それぞれ独立したものではなく、多様な問題領域が相互に有機的に関連している。すなわち、多様な問題領域が、① 憲法理論[2)]、② 憲法解釈方法論（広義の憲法解釈（者）概念)、③ 憲法裁判論という三和音（Trias）によって形成される「立憲国家（Verfassungsstaat）という類型」の中で相互に密接に結びついている（「多元主義の憲法論」)。

相互の主張が有機的な関連性をもつことは理論にとって当然のことではあるが、その関連性が立体的・重層的であること、そしてそれぞれの主張内容の妥当性や説得力がそれ自体としてより、主張的相互の立体的、重層的な結びつきの中に見い出される点に、ヘーベルレ憲法論の大きな特徴がある。

たとえば、ヘーベルレの ① 憲法前提理解、具体的には憲法概念（国家と社会の法的基本秩序としての憲法、社会契約としての憲法）は、憲法解釈方法論（広義の憲法解釈（者）概念、第五の憲法解釈方法論としての憲法テクストの法比較分析）および憲法裁判論にその根拠と具体的帰結を提供し、また、憲法の諸原理（広義の権力分立＝多元主義的権力分立、多元的民主主義、制度的基本権理解）は、憲法解釈方法論および憲法裁判論にその根拠と具体的帰結を提供する。また同様に、② 憲法解釈方法論は、憲法原理（論)、憲法裁判論に、さらに、③ 憲法裁判論は、憲法原理（論)、憲法解釈方法論に、その根拠と具体的帰結を提供している。

⑴ 憲 法 理 論

1) 憲 法 概 念

1-1) ヘーベルレによれば、憲法の本質は、規範的なるものと事実的なるものの総合的な動的プロセスである（古野 38 頁)。

---

2) ヘーベルレによれば、「憲法理論は、われわれが成文憲法の解釈にどのような『前提理解』でアプローチすべきかという問題を取り扱うものである（Verfassungsstaat（井上、畑尻編訳）98 頁（井上訳))」。なお、本書では特に使い分けていないが、ヘーベルレにとっての「憲法法学」と「憲法理論」の違いについて、三宅 299 頁参照。

1-2) ヘーベルレによれば、憲法は、公共性(圏)(日野田193頁以下)の法的基本秩序である。社会に存在するさまざまな理念と利益の多様性を前提にした公共性(圏)(「多元主義的公共性(圏)」)は、多様な理念と利益の競合としての多元主義的政治プロセスの中で実現され、妥協によるコンセンサス(合意)を通じて不断に具体化される。このような公共性(圏)の具体化は、先験的原理・実質的公正さとの合致によってではなく、具体的プロセスとしてのコンセンサスの形成手続の正しさ——手続的公正さによって正当化される。憲法の実現とは、多数意見と少数意見の種々のレベルでの調整の上に国民のコンセンサスが形成されることであり、憲法の役割はその枠を設定することにある(「公共的プロセスとしての憲法」)(「フォーラムとしての憲法」)(Öffentlichkeit, S. 225 ff., 栗城②(1)12頁、栗城⑤144頁、西浦①516頁以下、③5頁以下)。

ここでは、憲法は、多元主義的適正手続を通じて行われる公共性(圏)の具体化過程の規範化、あるいは、政治過程をそのようなものとして秩序づける規範に他ならない(「多元主義的枠秩序としての憲法」)。このような多元主義的憲法理論において、憲法は「国家と社会の法的基本秩序」として、レス・プブリカ(res publica)[3]の基本秩序として、多元的な社会の基本構造を包括する(Grundrechte, S. 169 ff.(井上編訳22頁以下)、角松①85頁以下、栗城⑤140頁)。

1-3) そして、このような憲法はつねに時間的にも空間的にも開かれたものでなければならない(「開かれた公共的プロセスとしての憲法」)。

憲法は時間的に開かれたものでなければならない(「時と憲法」)(玉蟲139頁以下)。時に対して開かれた憲法は、その解釈の変化を当然に予定し——解釈以前に規範意味は存在せず、規範と解釈はいわば同一物であるから——解釈の変化は規範の変化そのものである。したがって、憲法の解釈のみが存在し「憲法の変遷」は存在しない(赤坂②544頁以下、西浦③10頁以下、なお、手塚297頁以下)また、憲法自体が一つのユートピアであり、未来に対して開かれたもので

---

3) ヘーベルレは、その憲法論の中心で、republic の由来であるラテン語のレス・プブリカ(res pubulica)をヘッセのいう国家と社会を包摂する概念であるGemeinwesenという意味(工藤264頁)で用いている(莵原391頁以下)。

ある（「ユートピアとしての憲法」）。さらに、それぞれの憲法はその国、その民族が体験したさまざまな経験が憲法に生かされなければならないという意味（「憲法の核としての経験」）では、憲法は過去に対しても開かれたものでなければならない（Zeit, S. 59 f., 66 f.; Utopien, S. 673 f.）。

1-4）　憲法は空間的にも開かれたものである。「立憲国家という類型」が、世界的な広がりで展開している。国際的な創造・受容・継受のダイナミズムによる世界的規模の立憲国家の新たな形成は、「憲法テクストの法比較分析」によって明らかにされる（Verfassungsstaat（井上・畑尻編訳）103 頁以下（井上訳））。

1-5）　そして、憲法を一つの契約とみなす（「社会契約としての憲法」）ならば、その契約自体が時間的に拡大され「世代間契約としての憲法」となり、空間的に拡大され、「世界契約」となる（Probleme S. 826 ff., Altern, S. 774 f., Kulturwissenschaft, S. 597 f., 栗城 ③ 23 頁）。

1-6）　このように考えれば、憲法は文化であり（「文化としての憲法」）、憲法学は文化的業績としての立憲民主主義憲法・民主的立憲国家を対象とする（「文化科学としての憲法論」）（西浦 ③ 15 頁以下、Grundrechte 井上編訳「編訳者あとがき」187 頁、三宅 296 頁）。

1-7）　そして、憲法が文化として定着・発展するためには、公教育における憲法教育が重要な役割を果たす（「教育目標としての憲法、基本権」「憲法教育」）（西浦 ③ 16 頁以下、三宅 296 頁以下）。すなわち、教育目標は立憲国家の憲法の心臓である（Erziehungsziele, S. 1 ff., Verfassungsstaat（井上・畑尻編訳）132 頁以下（村上・シェラー訳）、毛利 ① 28 頁）。（V-4(1)5）参照）。

2）　民主主義論

「すべての国家権力は、国民に由来する」とする基本法 20 条 2 項は、「民主主義は世論による統治である」というアングロ・サクソン的な思想に適合する。それは、意思形成過程および決定過程の開放性・公共性を重視する考え方である。このような民主主義（「多元主義的民主主義」）にあっては、基本権諸規定の保障の下に活動し、公的な投票を通じて選択し、公的な諸権限によって遂行される過程、すなわち「参加」が、本質的なものである（参加民主主義）（Lichte, 22 f., 澤野 43 頁以下）。なお、政治学においてはしばしば、「参加民主主義」と「多元主義」は異なる意味で用いられているが、ヘーベルレは両者をあえて結びつけている点が注目される。

3） 主 権 論

主権（概念）は、つねに特定の歴史的問題状況に対する回答である。古典的な主権（概念）が「唯一性」「不可分性」「不可侵性」といった最上級によって、絶対的、排他的に要求されてきたのも、それが紛争状況に定位されていたためである。しかし、課題・状況が変化した現代においては、現代に適合的な概念へ作り変えることが可能である。基本法では、国民主権に対する憲法の優位が規定され（79 条 3 項）、憲法裁判所が設置されたことから、国民主権ではなく憲法の主権を語ることができる。主権の概念は古典的な限界・例外概念から、基本法の下では規範的・日常的概念へと発展されなければならない。したがって、立憲国家の内部では主権者は存在しない（多元主義的主権論）。国民の主権は、絶え間のない、日々の立法、統治、行政、司法の中で、そしてそこに存する憲法の発展の中で実現する（Souveränität, S. 369 ff, Verfassungsgeschichte, S. 361, 渡辺康行 ③ 95 頁以下、高見 ① 10 頁以下 ② 14 頁以下、澤野 37 頁以下）。

4） 人権・基本権論

以上のように、憲法が多元主義的に理解されるならば、憲法の保障する基本権もこのような文脈で再検討されなければならない。人間の尊厳、社会国家そして平等主義的民主主義という三和音は、社会の全体的な関係の中ですべての者の最適な現実的自由が達成されることを要求する。それは次のことを意味する。つまり、給付国家は、すべての者が実際に、平等に自由を行使しうるための諸々の前提と条件とを作り出さなければならない。自由は、それを要求しうる事実上の前提なくしては無価値であるからである（Grundrechte, S. 190, 181（井上編訳 84 頁、57 頁）、フォスクーレ (2) 27 頁以下）。そして、基本権は、制度的に、社会国家的にそして手続法的に理解されなければならない（基本権の「制度的基本権理解」、「社会国家的基本権理解」、「手続法的基本権理解」）（笹田186頁以下）。

4-1）基本権は基本権によって保護された生活領域のための客観的秩序という性格をもつ。基本権は個人に主観的権利を保障するものであると同時に、客観的な制度として個々の生活領域を保障するものである（「制度的基本権理解」）。基本権は規範複合体によって構成され、基本権領域における法的規制（立法）は自由の制限や自由への介入・侵害、すなわち、基本権制約的なものであるよりも、むしろ自由を可能にし、現実化するための積極的な構成あるいは内容付与、すなわち基本権形成的なものである。したがって、基本権領域における立法者の積極的構成の自由が強調される（Wesensgehaltgarantie, S. 70 ff., 栗城①98頁、佐藤②325頁以下）。

4-2）また、基本権は国家に対する社会的給付請求権であり、国家には基本権的自由の実現のための社会的前提を創設することが義務づけられる（「社会国家的基本権理解」）（Grundrechte, S. 187 ff.（井上編訳80頁以下）、西浦①517頁以下、Grundrechte 井上編訳「編訳者あとがき」191頁以下）。

4-3）そして、この「社会国家的基本権理解」は、「参加権としての基本権」を要請する。なぜなら、「国民が国家的給付の受動的な対象にとどまることなく国家的給付の決定過程へも積極的に参加することをも要請するから、社会国家的な基本権観は、基本権を参与権とみる見方をもってその基本的特徴としながらも、基本権を参加権とみる見方をも包含している」（栗城①99頁）。したがって、G. イェリネックの基本権に関する地位論のいう能動的地位（staus activus）、消極的地位（status negativus）、積極的地位（status positivus）そして受動的地位（status passivus）と並んで、給付国家では、「手続的能動的地位（status activius Processulis）」と名づけられるべき一つの新たな関係が形成される。その地位は、基本権上の自由の手続的側面、「基本権としてのデュープロセス」、手続法的な法律の留保としての給付留保という帰結を伴った手続的な配分参加を意味する（Grundrechte, S. 182 ff.（井上編訳64頁以下）、西浦③10頁、恒川②115頁以下、石村146頁）。

4-4) さらにイェリネックの地位論に関連して、「集団的地位（status corporativus）」という概念が導かれる。基本権は、もともと個人を前提としたものであり、集団とは弱い形でしか関連づけられてこなかった。その関連を、文化科学的に、基本権理論が意識的に作らなければならないのであり、かつ従来以上に、発展させなければならないのである。すなわち、今日、少数者保護一般を集団的地位と関連づけて考えることもできるし、少数民族（文化的少数者）という集団が国際的にも国内的にも人権保障の単位として重要な意味を持っている。さらにいえば、少数者保護機能を地域主義・連邦主義が果たしうることを指摘しているのも、注目すべきである（Wesensgehaltgarantie, S. 376 ff., Verfassungsstaat（井上、畑尻編訳）150 頁以下（村上、シェラー訳）、樋口 ⑤ 123 頁、214 頁）。

憲法を一つの契約としてみた場合（「社会契約としての憲法」）、今日、空間的には基本権の主体としての世界人という形で憲法契約締結者は拡大されている（「世界人としての地位（status mundialis hominis）」）。人権の根元は、国民単位の立憲国家にあると同時に、普遍的な人間性にもあるのである。イェリネックの地位（status）論を応用したこの言葉によって、人権のグローバルスタンダードのあり方が探求される（Verfassungsstaat（井上、畑尻編訳）136 頁以下（村上、シェラー訳））。すなわち、イェリネックは「地位」概念を国家と国民の関係でとらえたのに対して、ヘーベルレのそれは「国家性」の軛から解放されているところにユニークさがあるといえる。

⑵ 憲法解釈方法論

憲法の開放性は憲法解釈の開放性を導く。時間的・空間的に開かれた憲法解釈は従来の憲法解釈方法論の統合を要求する。そして、それは解釈主体に関しては「開かれた憲法解釈者」を要請する。

1) 憲法解釈は、従来、法律家、特に裁判官の任務であると考えられていたが、政治社会に積極的・消極的に参加するすべての者が憲法解釈者でなければならない。すなわち、ヘーベルレの憲法解釈論における重点は、憲法解釈がいかにあるべきかではなく、憲法解釈は「開かれ」ており、憲法解釈者も開かれた社会を形成するということである（「広義の憲法解釈（者）概念」）（Verfassungs-interpretation, S. 123 ff, Verfassungsinterpreten, S. 155 ff., Verfassungsstaat（井上、畑尻編訳）112 頁以下（井上訳）、内野 162 頁以下、西浦 ③ 10 頁以下、Grundrechte 井上編訳「編訳者あとがき」188 頁、なお、毛利 ② 363 頁以下，宍戸 241 頁以下）。

2） 時間的・空間的に開かれた憲法解釈はさらに、憲法解釈のための方法論としては、文理解釈、歴史的解釈、体系的解釈、目的論的解釈という従来の四つの方法に加えて「第五の方法としての憲法テクストの法比較分析」を要求する。憲法の草案を含めて憲法テクストの中には時代の諸理念が凝結している。そして、近時の憲法制定者は、外国の憲法判例、学説、具体的な憲法運用など立憲国家の憲法現実をも条文化し概念化している。したがって、憲法テクストの法比較分析は立憲国家における創造と受容の過程が今日全世界におよんでいることを明らかにする（Grundrechtsgeltung, S. 36 ff., Kulturwissenschaft, S. 164 ff., Verfassungsstaat（井上、畑尻編訳）103 頁以下（井上訳））。

⑶ 憲法裁判論

1） 憲法を国家と社会の法的基本秩序と考えれば、憲法裁判所は、国家の裁判所であると同時に「社会（の）裁判所」でもあるということになる（「社会（の）裁判所としての憲法裁判所」）。連邦憲法裁判所は、たとえば基本権の第三者効力を通して社会の舵取りを強化し、社会を「憲法化された社会」とするのである。それだけに連邦憲法裁判所には、多元的に情報を確保し、できるだけ様々な団体、個人の参加の機会を確保することが求められるのである。言い換えれば、憲法訴訟法も開かれた「公共的プロセスとしての憲法」を反映したものでなければならない〈58-〉（Verfassungsstaat（井上、畑尻編訳）166 頁以下（畑尻訳）、恒川 ① 382 頁以下）。

2） 他面からみると、憲法訴訟法は実体憲法を具体化するものである。すなわち、憲法訴訟法は手続法ではあるが、実体的に、実定憲法によって、その前提理解、その原理（たとえば公開性、少数者保護、多元主義）によって、そして憲法の解釈方法（たとえば、現実および結果を考慮する開かれた解釈方法）によって解釈・説明されなければならない（「実体憲法を具体化するものとしての憲法訴訟法」）。逆に、憲法訴訟法の諸原理が実体的な実定憲法としての性格をもつ〈33-〉。

さらに、このテーゼから、「憲法訴訟法の独自性」と「連邦憲法裁判所の手続の自主性」が導き出される。憲法訴訟法は、他の訴訟法と比べて訴訟手続というよりも憲法に近いものとして、それゆえに独立したものとして捉えなければならない。憲法訴訟法の独自性は、「憲法を取り扱っているということ」の特性に由来し、憲法訴訟法は、実体憲法を現実化するための手続的な道具である。また、憲法訴訟法の基本原理が実体憲法の地位を有することによって、連邦憲法裁判所の手続の自律性が強調される。すなわち、憲法訴訟法の――発展が可能で、発展させる必要のある――諸原理を「憲法レベルの問題として扱うこと」が重要であることから、連邦憲法裁判所は、連邦憲法裁判所法が詳細な手続規定を欠いている場合には、憲法裁判所の手続を発展させる任務を負っているという形で、連邦憲法裁判所の手続の自律性が導き出されるのである〈34〉（高見③99頁以下）。

3）「社会契約としての憲法」から「社会契約としての憲法を具体化するものとしての憲法裁判」という命題が導き出される。「憲法裁判所は、社会契約としての憲法を保障し発展させる継続的なプロセスにおける調整器である」という主張である。憲法が「世代間契約」であれば、憲法裁判所にも、少数者保護という共時的要請だけではなく、「将来世代に対する責任」を自覚した通時的な活動が求められる〈62-〉。

(4)　立憲国家の世界共同体[4)]

憲法原理（論）、憲法解釈（方法論）、憲法裁判（論）の三和音によって「立憲国家」が形成される（「立憲国家という類型」）。立憲国家は、人間の尊厳、国民

4）以下に述べるように、樋口陽一は「憲法ゲマインシャフト」という言葉をさまざまな場面で引用しているが、意外なことにヘーベルレ自身は引用箇所以外に用いておらず、特にその意味を説明しているわけでも、また、引用箇所にお

主権原理、契約としての憲法、権力分立原理、法治国原理、社会国家原理、文化国家原理、基本権保障そして司法権の独立などの諸要素から構成されている(Kulturwissenschaft, S. 28 f.)。この立憲国家は、世界規模で生産され継受されている(「立憲国家の世界共同体」)。すなわち、1776年の人間および市民の権利宣言から1789年を経て1966年の国際人権規約に至る、人間の尊厳と多元主義的民主主義を核とする西欧型の立憲国家の開かれた社会は、さまざまな形の創造と受容の相互プロセスを通じて一つのファミリーへと共同して成長し続けているのである(Verfassungsentwicklungen, S. 129 f.)。すなわち、立憲国家の発展は、今日ではヨーロッパ、そして世界を視野に入れた場合にのみ理解されうる。以前から、立憲国家の問題で多くの空間、ないしは大陸を越えた創造と受容過程を観察することができたが、とりわけ1989年以来、世界的な、東ヨーロッパおよびアジアの一部を含めた創造と受容の共同体が具体化した。憲法のテクスト、学問的なパラダイム、判例、そして憲法現実さえもが、グローバル化のプロセスに組み入れられ交換され、変形されている。立憲国家の「工場」は、どんどんグローバル化してきている。そのため、それに伴って「製品」も幅広い視野を確保しなければならない。より深い意味においては、立憲国家は、つねに未完のプロジェクトとして、未来に向けた「生成途上の人間の作品」であり、すべての立憲国家は「発展途上国」である(Verfassungsstaat(井上・畑尻編訳)21頁以下(毛利訳)、西浦④121頁以下)→ Ⅲ 4。このような問題意識から、ヘーベルレは公法年報(JöR)において、精力的に比較憲法研究を展開し

いてもイタリックなどによって強調しているわけではない。通常、この種のキーワードはイタリックで強調され、その意味が他のキーワードとともに説明され、また同じ論文や他の論文でも様々な箇所で繰り返し用いられる。ヘーベルレ自身の意識からすれば、この「立憲国家の世界共同体」と同義で用いているのかもしれない。ちなみに、ヘーベルレはGemeinschaftという言葉をよく用いている。たとえば、Grundrechtsgemeinschaft(基本権共同体)、Kulturgemeinschaft(文化共同体)、Produktions- und Rezeptionsgemeinschaft(創造と受容の共同体)、Rechtsgemeinschaft(法共同体)、Weltgemeinschaft(世界共同体)など。

ている。

3　日本におけるヘーベルレの憲法論

以下では、日本におけるその理論の受容と批判を通して、ヘーベルレ憲法論の特質を明らかにする。

(1)　文化科学としての憲法学

1)　赤坂正浩は、政治の「非立憲主義的態度」に対する立憲主義からの理論的対応の例をドイツにとり、その代表的なものとして、ベッケンフェルデ(「世俗的過程としての国家の成立」)のペシミズムと、ヘッセ(「憲法の規範力」)のオプティミズムをあげる。そしてその中間には、立憲主義憲法と文化との関係に着目した視点があり、その中に「立憲主義憲法それ自体が一つの文化」とみなす発想があり、それを最初に指摘したのがヘーベルレであるとする(赤坂③60頁以下)。

2)　毛利透は、「文化科学としての憲法学」が、自由な国家を基礎づける有力な理論を提供しており、国家の憲法体制が広義の文化の一環であってそれに支えられているという理解は納得でき、その文化が多元性・開放性を必要とすることから、立憲国家の価値が承認される点を評価する。しかし、同時に、憲法価値に「象徴としての統合的機能」を見出す主張に対しては、その危険性を次のように指摘する(毛利①31頁以下)。すなわち、象徴を文化的アイデンティティの主要な要素とする理論は、象徴が本来対象との感情的、無批判的結びつきを前提とするものだけにそれへの批判を封じる機能を果たす危険もある。文化の多元性・開放性を最優先するヘーベルレは、所与の統一体意識ではなく、「共同体の自由な文化発展によって、『常に新しく』自由な国家を基礎づけようとする。しかし、皮肉にもそのことが、彼を危険な河岸へと追いやることになった。だが、象徴作用をその一環として含む文化全般に立憲国家の基盤を見ようとするならば、結局このような危険を免れることはできないであろう。

より根本的にいえば、政治的共同体としての国家への『感情的』統合をはかること自体……の是非が問われることになろう。現実の国家を生み出した契機は、もちろん決して理性的、反省的なものだけではない。……しかし、立憲国家という特別の国家形態と確実に結びつくのは、やはり……反省的アイデンティティしかないのではなかろうか。」(同34頁以下。なお、高橋67頁以下)。

3)　西原博史も、「文化科学としての憲法学」あるいは、「文化としての憲法」の具体的展開である「教育目標としての憲法」という主張の危険性を指摘する。

西原によれば、ヘーベルレは、「個人的教育と、『政治的空間』としての子どもに関わる教育を区別し、後者においては国家が親に親の責任の基準を設定できるとする。しかし、……政治的であろうとなかろうと、一定の実質的内容を持つ教育目標を親に法的に強制するなら、親と子の良心内容の強制となり、親の教育権や良心の自由を侵害する。」(西原②151頁)。

また、ヘーベルレは、明文で教育目標を規定するラント憲法の条文や隠れた教育目標を含む基本法の条文の解釈を「憲法解釈者の開かれた社会」という彼の理論枠組の適用領域とみる。「この考え方では、教育目標は国民の文化遺産たる基本的コンセンサスの結果であり、同時に将来に対する構想となる。……彼はこのような憲法上の教育目標を、法的妥当性やサンクションを典型としない "soft law" と理解し……、法律家と教育者が協力して憲法を解釈した上で、教師の持つ特殊な手段を通じて実現されるべきものと考える」(同279頁)。しかし、「教育プログラムとしての憲法の基本価値も、……それ以外の選択を許さないものとして提示されればイデオロギー的教化となり、良心の自由を侵害することになる。」(同280頁以下)。

さらに、西原によれば、価値決定としての憲法――憲法的価値の実現は、国家が活動の基礎としうるものであるが、憲法的価値の実現と憲法上許されない特定の道徳の強制とを明確にわけることは具体的には困難である。したがって、国家の信条的中立性が良心の自由という基本的人権から派生する原理で、個人の良心の自由を確保するための客観法的規範であることを再度認識する必要がある。憲法上の価値を実現するものであれ、政策選択の枠としての憲法の範囲内で立法上の価値決定が下される場合であれ、基本的人権である良心の自由を脅かす国家活動は許されない。この点で、ヘーベルレの主張には問題がある。なぜなら、ヘーベルレは、「『立法者によって形態づけ……られた自由』という構図を組み立てる前提として、『自らの人格的存在のためにも道徳律に拘束される人間』という人間観を踏まえ、『刑法は、基本権権利者に自由の「正しい」用い方の洞察を仲介する』」と見る。その結果、憲法上の保護を受けるのは、『正しい』とされる自由権行使のみとなる。このような考え方は、自由の名の下に特定の思想・良心を強制するものにほかならない。国家が道徳の領域で一定の任務を果たせると考えるなら良心の自由は良心強制の偽名となる可能性さえあり、そのような前提で良心形成の過程を把握するなら良心形成の自由は最初から存在しない」(西原 ③ 328 頁以下、なお、横田 496 頁以下)。

4) 古野豊秋は、「文化としての憲法」「文化科学として憲法理論」に関連して、ヘーベルレの憲法論が「分析的定義」ではなく「総合的定義」に基づくものであると評している (古野 32 頁以下)。「このような彼の『憲法』理論・理解に対する第一の基本的な疑問点は、① 『憲法』と ② 『文化』との関係である。もし、彼が捉えるように、② の方が ① を包含する上位概念として理解されるとすれば、その限りでは ① と ② に同質の面があるということができる。しかし、両者が全く同一ではないとすれば、その異質の面の関係が問題となろう。しかし、この点についてのヘーベルレの説明は不明である。このことは、彼の『憲法』理論・理解、あるいは『憲法』概念の定義の方法が、分析的ではなくて、総合的な方法に起因するものであ」る (古野 27 頁)。

また、古野豊秋はヘーベルレの「憲法」理論・理解の場合、Verfassung と Verfassungsrecht が時として曖昧な場合があるとして、その要因を次のように述べる。「両者の概念的な定義そのものではなくて、その概念の適用 (使用) に起因するのではないか、ということである。この点は、特に Verfassungsrecht についていうことができる。すなわち、この語の適用 (使用) の文脈において、場合によっては Verfassung の方に重点が置かれることもあれば

Recht の方に重点が置かれることがあるために、結果的に、Verfassung と Verfassungsrecht の関係が不明瞭になってしまうのではなかろうか」(古野 28 頁、なお、三宅 285 頁)。

5) 小林真理は、その「文化基本法論」において、「伝統的な文化国家概念を打破し新たな展開の可能性から端を発し、州憲法における文化関連条項の規範複合体として文化基本法論を展開してきたヘーベルレの理論に改めて注目」(小林 ② 9 頁以下) して、ドイツの各州憲法とヨーロッパ諸国の憲法の文化関連条項を詳細に検討している。

その上で、ヘーベルレの文化基本法 (文化憲法) を次のようにまとめる。「第一に、消極的な『文化の自由』と市民の積極的な『文化への参加』は同レベルの自由主義的な文化基本法の基本権的側面であり、その弁証法的な関係は自由と平等の関係と同様である。第二に、文化的な権力分立は、文化領域における『担い手の多元主義』……が国家および社会の社会的文化責任……を仲介し、文化基本法および権力分立の公開と共同で、社会的意味……を可能にする。第三に、『文化的連邦国家』……とは、連邦国家それ自体が実質的な文化基本法の構造原理であることを意味する (文化基本法保障としての連邦主義)。第四に、『生成中のヨーロッパの文化基本法』とは、文化遺産としてのヨーロッパにおける多様性と統一が、ヨーロッパを将来の真の文化基本法的概念にしていくということを意味する。第五に、文化基本法は、地域レベル、国家レベル、およびヨーロッパレベルにおける、一部ではすでにできあがった、一部では生成中の法である。文化基本法は多元主義的な憲法の核心であり、人間文化の文脈 (Kontext) にある」(同 13 頁)。ここでも、文化憲法に関するヘーベルレの立論が、ヘーベルレの憲法論全体といかに密接に結びついているかが明確に示されている (なお、竹内 254 頁以下)。

(2) 憲法共同体 (憲法ゲマインシャフト) (Verfassungsgemeinschaft)

ヘーベルレと同じく 1934 年生まれの樋口陽一は、いわゆる「東欧革命」に対する見方の一つをヘーベルレの造語である「憲法共同体 (憲法ゲマインシャフト）（Verfassungsgemeinschaft）」の成立という形で説明している。

「ヨーロッパでの社会主義体制の崩壊をどううけとめるか、西欧での対応は、ここでの議論の文脈に即して言うと大きく二つに分かれる。第一に、近代立憲主義＝人権の理念の母国というべき西欧からすれば素直な、それだけに正攻法といえるアプローチは、何より憲法理念の全ヨーロッパ規模での確認という積極面を強調する。なかでも、冷戦の最先端にいて東西分裂国家という困難な戦後史をくぐりぬけてきた（旧）西ドイツの憲法学にとって、そうすることはまことに自然であった。たとえばペーター・ヘーベルレは、『ヨーロッパ＝大西洋的伝統』『古典的な憲法諸要素』が東の世界に『継受』されるのだとして、『西と東の間での、ひとつの憲法ゲマインシャフトないし価値ゲマインシャフトを見てとることができる』と語っている。もちろん、『古典的』とはいっても、彼自身『立憲国家の歴史・現在・未来の一部としての1789年』を論じて言っているとおり、立憲主義は『1789年（宣言）』と部分的には結びつき、部分的には相反して展開しているのであり、『ヨーロッパ＝北米型の立憲国家』は、その内容の点で、『1789年に負い、それに相反し、またそれと無関係』……という、『複雑でアンビヴァレントな関係』にあるのではあるが。」（樋口①218頁以下）[5)]

5） また、同様の趣旨で、自身が編集した、別巻を加え全7巻にもなる講座本の全巻に共通する「まえがき」において、20世紀末の日本の憲法学の状況を次のように述べる。「日本の憲法学は、いま、内外の大きな変動をどういう理論枠組みによって認識し、『動かぬもの』の普遍的価値と『変化するもの』のダイナミズムをどううけとめるか、問われている。遠景には、人権宣言200周年にあたる1989年を劇的な境目とする世界的状況の大きな動きがある。一方では、『立憲主義』『法治国家』『人権』の理念が普遍化し、『西と東の間での憲法ゲマインシャフト』の成立（ヘーベルレ）がいわれる。しかし他方では、近代国民国家の自明性がゆらぎ、さらに、人権という観念そのものを、ポストモダニズムや文化相対主義の見地から相対化しようとするヴェクトルも、強く働いている。そうしたなかで、非西欧文化圏による近代立憲主義継受の典型例として、戦後日本の憲法体験からは、正と負の両面を含めて、日本一国にとってにとどまらない歴史的意味を読みとることができるはずである。まさにその時期に、しか

(3) 多元主義

1) 西浦公によれば、多元主義の憲法学的意義は、憲法の開放性の根拠づけと手続規定の強調にある。憲法が多元主義的政治過程の法的根本秩序であるがゆえに開放性を属性とするのであり、そしてそのゆえに人間の尊厳のような最小限の価値規範と最大限の手続規範を含むことになるとして、「多元主義憲法理論におけるこの憲法把握の基本的特質こそ、多元主義モデルが立憲主義を実効的なものとする上でどのような可能性を拓くかを決定づける」とする（西浦①527頁、なお、青柳②99頁、押久保17頁）。その上で、「多元主義的公共性観念に基づいて徹底した多元主義的・開放的憲法概念を展開した」ヘーベルレの憲法論に対しては、憲法の安定性・規範的拘束力の脆弱さ、国家と国民に対するオプティミズムといった批判が当然予想されるが、それが「立憲国家の憲法を対象として、立憲主義とそれを支える国民に対する信頼と自信に裏打ちされたものであり、そのような信頼と自信を共有しうるならば、その理論はきわめて有用で首尾一貫した現代立憲国家の憲法理論であろう」と評価する（西浦③20頁）。

2) これに対して、渡辺洋は、シュミット・シューレ「味方――敵」論――反多元主義国家論――親「たたかう民主制」対スメント・シューレ「統合理

し、現実には、「国連憲章50周年」と「日本国憲法50周年」という二つのシンボルの間で、綱引きがはじまっている。」（樋口③「まえがき」）。さらにこの「憲法ゲマインシャフト」という言葉は、「特に89年以降、東側を含めて憲法裁判所が一斉に広がった。旧東側も含めて、それこそヘーベルレがフエアファッスングス・ゲマインシャフトというように、一つの共通の憲法観念が前提にされています。」（樋口④35頁）や「一九八九年に噴出した大変動のもとで、旧・東側世界にも、『違憲審査制革命』が波及し、『立憲主義』『法治国家』というシンボルのもとで、違憲審査制が、西と東にまたがって成立したとされる『憲法ゲマインシャフト（Verfassungsgemeinschaft）』の中軸をになう制度として、位置づけられるようになった。」（樋口②134頁）など、違憲審査制度が世界各国で採用されている現状の説明においても用いられている（Ⅳ8(1)参照）。

論」――多元主義国家論――反「たたかう民主制」という図式の成否を、ドイツの国家・憲法論における動態的思考の「最もラディカルな今日的体現といいうる」(渡辺洋①(1) 282頁) ヘーベルレの民主制論がいわゆるたたかう民主主義に対してどのような態度をとりうるかという観点から検討する (同①(1) 292頁)。

まず、立憲国家という類型においては、国家は何が真実であるかを認定することはできないとするヘーベルレも、立憲国家の文化人類学的前提として理解される人間の尊厳やその組織論的帰結として把握される自由民主制といった基本価値を立憲国家の寛容の限界としていることが確認される (同①(2) 370頁以下)。では、このような彼のアンヴビヴァレントな真実観を憲法理論的領域においてどのように整合的説明できるか。

公共的プロセスとしての憲法に実体を充填するものとしてヘーベルレが考える基本権もまた、それ自体が確固不動の実体ではなく、社会全体の関係と社会倫理的な評価の変遷の中で把握される流動的・動態的なものである。つまり、基本権の実態は、変化しうる解釈論の実態と実効性である。そうであれば、徹底して流動的・動態的に把握されたヘーベルレの憲法を実現するための最も重要なのが人の積極的な関与としての解釈である。そして、彼の「憲法解釈者の開かれた社会」によれば、憲法解釈はたんに国家機関だけではなく公共性 (圏) を担う能力をもったすべての人によって行われなければならない。憲法は不断に新たに開かれた社会を構成すると同時に、開かれた社会によって構成されているのである。したがって、ヘーベルレにあっては、公共性 (圏) における多元的プロセスそのものが規範形成力をそなえた憲法ということになる (同376頁以下)。

ヘーベルレのいう寛容と多元主義によれば、間違った憲法解釈でさえ主張される機会を保障しなければならず、さらに徹底すれば自身の憲法論の理論的ないしは精神的基盤である憲法的多元主義もまた自己批判されることになる。しかしヘーベルレ自身は、多元主義の寛容の限界を語り、反多元主義的理論が多元主義をなす諸契機に現に疑問を付すところでは、多元主義憲法は内容においても手続的ルールにおいても防戦しなければならないと主張する（同 377 頁以下）。

寛容に限界があるとすれば、それを画定するのは、憲法の不確定性からいって広義の憲法解釈者ではありえず、そのような決断を行うのは有権的機関＝国家権力をおいては考えられない。「では、その活動に法的〝限界線〟を引くのは何か。彼の趣旨を推せば、恐らく、〝多元的な憲法的公共圏に由来する憲法の規範的インパクト〟なのだろう。〝多元的公共圏から規範形成力を獲得する憲法によって法的統制を受ける者が、自身の活動を制約する源泉であるはずの多元的公共圏を守るために、多元的公共圏の『敵』と『たたかう』〟——しかし、私には、こうした〝妙技〟が首尾よく行なわれうるとは、少々考えにくい。要するに、こうした〝限界線引き〟が、時の権力担当者にとって都合の悪い『敵』の認定と排除に転ずる危険性は、どうしても避けられないだろう」（同 379 頁以下）。

⑷　憲法解釈者の開かれた社会

西浦は、基本権の保護領域論において、これをどのように画定するのかという以前に、決定するのは誰かという問題があるとして、ヘーベルレの「憲法解釈者の開かれた社会」、「憲法生活に関与する者すべての自己理解」に拠って、「憲法の実現過程における基本権享有者の基本権解釈の位置づけが（国民）主権（最終的憲法解釈権）の問題に関わる」ことを強調する（西浦 ⑤ 46 頁以下、なお、内野 162 頁以下）。

渡辺康行は、戦後ドイツの憲法解釈方法論の検討において、スメント・シューレの憲法解釈方法論として、F. ミュラーとともにヘーベルレの学説を詳細に検討している。まず、渡辺は、憲法解釈方法論におけるヘーベルレの「憲法解釈者の開かれた社会」という主張（広義の憲法解釈（者）概念）が憲法原理（論）（憲法前提理解、憲法の諸原理）と憲法裁判論にどのような形でその根拠と具体的帰結を提供しているのかを検討し（渡辺康行 ①⑶ 128 頁以下）、「ヘーベルレについての最大の問題は、憲法解釈、さらに憲法や憲法制定をも『開かれた過程』『公共的過程』とすることが『憲法の過度の動態化』『憲法の規範性の無視』につながらないか、ということである」（同137頁）との懸念を示している。そしてヘーベルレ批判論を素材に、広義の憲法解釈（者）概念がその基礎とするコンセンサス論、参加民主主義論、多元主義的民主主義などの検討を通してこのような懸念が必ずしも払拭できないとする（渡辺康行①(4)41頁以下、なお同④311頁、莵原381頁以下、渡辺洋②86頁以下、フォスクーレ(3)65頁）。

また、服部高宏は、「憲法解釈への参加者という、従来ほとんど議論されなかった問題に取り組」み、「憲法訴訟手続の参加形式の拡充とか、立法過程において参加ないし合意が充分に得られていない法律に対する裁判所のコントロールの強化など、示唆に富む具体的な提言を行って」おり、「彼の見解は、現代民主主義社会における憲法解釈の在り方に関する一つの魅力的なビジョンとしての意義はもつ」と評価する。しかし、同時に、「実際の憲法解釈に対してそれがいかなる具体的インプリケーションを持つのかは、不明確だと言わざるを得ない」としている（服部(1)56頁）。

さらには、最近では、土屋武が、基本権に関する基本権主体の自己理解問題に関連して、当事者の理解が規範的にも重要な意味をもつことに肯定的な論として、ヘーベルレの「憲法解釈者の開かれた社会」論を検討している。土屋によれば（土屋292頁以下，297頁以下）、ヘーベルレの憲法解釈論は、現実指向性と動態的規範理解＝憲法理解の上で、憲法（原理論）、憲法裁判（論）との緊密な結びつきにおいて展開され、これらさまざまな理論要素のプラグマティックな結合が図られている点で、近年の動態的憲法解釈をめぐる動向においてその重要性は否定できない。しかしそれだけに、「正当化の論証がややもすれば循環論めき、また結局は現実がそうなっているという現実科学＝社会学的観察を援用しているに過ぎないように見える感は否めない。」（同309頁）。その他、広義の憲法解釈（者）と狭義の憲法解釈（者）の規範的相違、広い憲法解釈理解の下での解釈方法など、「ダイナミックなヘーベルレの理論は、憲法現実・憲法動態の分析の上では有用性が認められようが、解釈論としてはいまだ理論的彫琢の途上とみることができよう。」（同309頁）と評されている。

(5) 制度的基本権論

1) 日本の憲法学におけるヘーベルレ理論の受容の主たる領域が基本権論である。そして、その中心は、「制度的基本権理解」、「社会国家的基本権理解」「手続法的基本権理解」である。

栗城壽夫は、「公法理論においても、法治国家原理よりも社会国家原理や民主政原理を強調し、個人と国家との関係に関しても国家による個人の積極的保護と国家への個人の積極的参加を重視する理論傾向が顕著になってきたということができよう」として、ドイツの公法理論の変遷を紹介し、その中で、ヘーベルレの人権論を説明している（栗城①77頁）

また、「ドイツの公法理論の変遷」を基本権解釈に関する新傾向と旧傾向という対立軸で詳細に検討した戸波江二は、次のようにまとめている。「ヘーベルレの説く制度的基本権理論も、少なくとも解釈論レベルにおいては日本でも充分に参考にすべきであろう。自由は現代ではそれ自体としては必ずしも充分には機能し得ず、むしろ法律によって社会的に具体化されてこそ『現実的自由』たり得るという側面が存在することは否定できない……からである。但し、『自由権』に関しては、法律によって制度化されるという面がどの程度自由の現実的確保に資するか、あるいは、どの程度自由の規制と把握されるべきかという問題があり、それについては、当該自由の性質、および当該法律の内容を個別的に判断して決定する必要がある」（戸波①(5)116頁、なお、同②85頁以下）。

2) 栗城と戸波によるドイツにおける基本権の理論状況についての研究を嚆矢として、「制度的基本権理論の具体的な法的意味を探求するとともに、その適用の可能な法領域を確定していく」（戸波①(5)117頁）論稿が多数発表され、直接、間接にヘーベルレの基本権論がその対象となっている（赤坂①182頁以下、青柳①60頁以下、Grundrechte 井上編訳「編訳者あとがき」192頁、柏崎37頁以下、笹川32頁以下、佐藤②323頁以下、塩津129頁以下、寺田152頁以下、中島203頁以下、西原①137、140、149、168、188頁、前田174頁、三並120頁以下）。

多くはヘーベルレの問題意識と発想を評価するが、その理論的帰結については疑問視するものである。

その第一は、「ラディカルな立法者重視論」（角松②18頁）よって、自由権は立法者に対する規範的拘束性を喪失するという指摘である。

たとえば、青柳幸一は、「基本権の多次元的機能論は、基本権理論の一層の発展に重要な貢献をしている」としながら、「問題は、どのような機能を基本権に認めるかであり、防禦権としての機能とその他の機能をどのような位置関係で捉えるか、である」（青柳②132頁）としてヘーベルレ理論を批判する。すなわち、ヘーベルレの制度的基本権論によれば、立法者に、基本権を制限する権能ばかりでなく、基本権を形成する権能を広汎に与える。たしかに、「ヘーベルレは、『法における自由』論での立法者への全権的委任を、国民の能動的地位を強調することによって、すなわち、国民の手続的参加権としての基本権を強調することによって補完しようとする。……しかしながら、国民の手続参加は、一面でその結果を正統化する機能を果たすことを軽視してはならない。また、手続的参加が十分に保障されたとしても、決定方法として多数決をとる以上必然的に少数派が生ずる。基本権の核心が、数によっても奪われることのできない人間の権利にあるとすれば、基本権の保障は手続的参加の保障だけに収斂されえない。手続的参加の保障とならんで、やはり『権力からの自由』が保障されていることが『現実的自由』にとって不可欠である。」（青柳②135頁以下　なお、富塚（下）207頁以下、浜田②158頁以下）。

また、小山剛も、ヘーベルレの制度的基本権論を綿密に検討した上で（小山③45頁以下）、現在のドイツ基本権解釈論を特徴づけている基本権の「二重の性格」という理解が、ヘーベルレ学説に負うところが大きく、「彼の主張は明快かつ斬新であり、当時のわが国の公法学者の目に燦然と輝いて映ったことは想像に難くない。」（小山①68頁）とした上で、その問題点を二つ挙げる。その一つが、制度形成と基本権制限の関係をどう捉えるかである。つまり、「ヘーベルレは、きわめて広い内容形成概念を用い、各人の基本権を制限する法律もまた内容形成法律であるとする。これにより、国家からの自由の保障の前提となる制限と内容形成の区別が消滅する。制限か内容形成か、という問題は、実践的には違憲審査のテストのあり方に直結する問題である。……わが国の学説が『制限』思考であるのに対して、ドイツの判例・通説は『制限・内容形成』分別思考であり、ヘーベルレは『内容形成』思考であるといえる。このため、ことにわが国の学説がヘーベルレに対して共感と同時に強い危惧を示したのは、当然であるともいえる」(小山①66頁)。

第二は、「自己決定的自由の希薄化」の問題である。小山は「理論面におけるヘーベルレ説の最大の問題」として、制度形成の出発点をどこに求めるかという点で、「自己決定的自由の希薄化」をあげる。「制度的基本権理論においては、各人の自己決定は、自己決定であるという理由で尊重されることにはならない。むしろ自己決定は、そのつどの基本権の客観的理念による評価を免れない。……基本権は、各人の主観とは別の次元に存する客観的な理念をもっている。この理念は、あるべき制度の尺度であるばかりではなく、各人の自己決定を評価する尺度でもある。基本権の二重の性格は、この場合には、当該基本権の自己決定的行使に対する介入の要請へと転化する。……制度的基本権理論における制度は、その基本権および基本権行使のあり方を定義してしまう。それゆえ、ヘーベルレに対して『自由の義務化』という批判が加えられるのも理由のないことではない」(小山①66頁以下、②302頁以下、③63頁以下)。

浜田純一もこの点を批判する。「所与の国法秩序の内部にのみ基礎をおき、そこから『具体的型態と命令委託を受け取る』……という自由の観念は、自由に固有の生命力、創造力を窒息させる危険性をもっている。……近代憲法における基本権の規定は、国法秩序により承認され形象化された制度としての自由と、その本質上制度化しつくされることのない個人の自然的な自由との、**緊張的な存在構造において**認識されるのである。ここでは、制度化された自由が、自然の自由のもつ創造力に対するプロクルステスの寝台になるのではなく、逆に後者が前者に対する絶え間のない批判的公準を提供する道が開かれる」(浜田①524頁、なお、同②162頁、③135頁)。

さらに青柳によれば、現代国家においては、基本権は防禦権としてだけではなく多様な機能をも有しているが、「基本権は、第一に、自己決定の自由である。配分されたものを受領する自由ではない。それは、何よりも、選択の自由である。……その意味で、『権力からの自由』としての防禦権の機能に他の機能が付加されるのであって、前者が後者にとって代わられるのではない。『法律が自由の尺度のために必要なのではなく、自由が法律の尺度でなければならない』のである。ヘーベルレの多次元的基本権論は、現実を踏まえて基本権を把握することを主張しながらも、権力に対してはその現実を必ずしも十分に踏まえているとはいえない。そこには、立法者に対するオプティミズムがあるように思われる」（青柳 ② 138 頁、なお。赤坂 ① 203、209 頁以下）。

3）　石川健治は、シュミットの名で語られながら、シュミットのそれとはその趣旨、照準が異なった日独双方における制度的保障理論をシュミットの立場から批判検討する論稿において、ヘーベルレの制度的基本権理解を徹底的に批判する。その趣旨は、いわゆる制度的基本権理論を創始したP.ヘーベルレの『基本法一九条二項の本質内容保障』は、「M.オーリウを研究・援用するという意欲的な手法を通じて、異例のヒット作となってゆく。だが、そのことが、シュミットとオーリウ双方の理解を歪める決定打となった。」（石川健治 205 頁）。石川によれば、強い反論も含めて基本権論の活性化の引き金になったヘーベルレの制度的基本権論も、その根拠が脆弱で、その最重要の基盤になっているオーリウの理解が充分でなく、また、シュミット制度体保障論についても、事の本質を完全に見逃してしまっている。そして、制度的基本権論は、「法律を、基本権論のなかに招じ入れてしまう。この問題含みの操作が、トロヤの木馬でなければ、幸いである。こうなると、その論理の行き着くところ、法律・対・基本権の緊張は予め解消されてしまい、基本権制約的な法律は、実は、基本権の内容を形成する規範ということになり、対立する利益の衡量も、同一の陣営内において、温和に調整される。そして、主観的な基本権主張は、そうした調整済みの客観法のレールの上でのみ行われることになる」（同 208 頁以下）。

4　若干の考察

⑴　広　汎　さ

1)　ヘーベルレの憲法論の大きな特徴は、すでに述べたように、その守備範囲の広さとそれぞれの主張が密接不可分に結びついていることである。この点については日本におけるヘーベルレ研究においてもつとに指摘されてはいる（たとえば、西浦③9頁以下、塩津141頁）が、既に述べたようにその関連性が立体的・重層的であること、そしてそれぞれの主張内容の妥当性、説得力がそれ自体としてより、主張相互の立体的、重層的結びつきの中に見い出される点に、ヘーベルレ憲法論の大きな特徴がある。したがって、ヘーベルレの憲法理論、憲法解釈方法論、憲法裁判論を、そして憲法理論における憲法概念、民主主義論、主権論そして人権論を個別に検討する場合でも、このような立体的、重層的結びつきをつねに念頭において理解されなければならない。

2)　また、ヘーベルレの多様かつ豊饒な研究活動を時間軸でみると、そこに問題意識の時間的変遷をみることができる[6)]。したがって、ヘーベルレの憲法論はつねにその時代の要請との関連の中で検討されなければならない。

その主要な論稿が示すように、1970年代末から80年代にかけての研究は、憲法理論的なテーマ領域により強いアクセントがあり、基本権論および基本権解釈論から憲法裁判論と続く。そして、80年代からは、文化科学的なアプローチがさらにつけ加わる。このようなアプローチは比較法的な研究と結びつき、ドイツ統一に伴う基本法の改正と旧東ドイツ諸州の憲法制定をめぐる動き、そして東欧の諸憲法の制定以降は、文化科学としての憲法論を提唱し、特に立憲主義の世界的規模での受容と再受容を比較憲法の方法としての憲法テクストの法比較分析という方法で検証している。

このような研究対象の変化が意味するのは、彼の理論的提言がつねにその時

---

6)　たとえば、Grundrechte 井上編訳「日本語版への序文」i頁参照。

代状況が示す問題に先行した形で、しかし時代の要請に応じる形で行われていることである。ヘーベルレは、「他の者が揺れを感知する前に、地震計のごとく記録し、処理」(フォスクーレ(1)20頁) したが、その問題設定の発見は他に先んじて驚くほど早く、適切に受容されるまでには時間がかかるのである (フォスクーレ(2)27頁)[7)]。たしかに、「相変わらず奇抜な問題提起から出発しながら、ヘーバーレの落ち着き先は、ドイツ憲法学の趨勢と——そして、それを規定する精神性とも——さして違わない、『つきなみな』…ものといえる」(渡辺洋①(2)372頁) という指摘もある。しかしこの指摘は、この文脈においては決して否定的な評価につながるものではない。なぜなら、新たな思想のためにヘーベルレが創出した新たなイメージは、「確立したカテゴリーに影響を与え、それを破るのであるが、暴力的な思考の転換の形式ではなく、慎重に付け加え、新たなニュアンスを施すことによって行われる。」(フォスクーレ (2) 26頁) からである。

(2) 徹　底　さ

小山は、ヘーベルレの制度的基本権理解を「C. シュミットが分断した法制度と自由の連関性を回復させた点、また、G. イェリネックの硬直した類型を離れて一つの基本権に多元的な作用を見いだした点において、ヘーベルレの問題提起は評価されてしかるべきである。……ヘーベルレ以前にも、基本法下に

---

7) 彼自身の言葉でいえば、「当時はきわめて『大胆に』思えたかもしれないことが、そうこうするうちに一部は実現され、一部はいまだ論争の渦中にあり、しかもそれはドイツを越えて拡がっているのである。たとえば、『基本権政策』……『組織および手続による基本権保護』ないし『手続的能動的地位』……『給付法』そして『給付立法』といった諸概念や、K・ポパー卿の『批判的合理主義』をドイツの基本法の憲法理論ないしは基本権理論の中になじませようとする試みも、今日までそれぞれ影響を及ぼし続けてきた。教科書からモノグラフ、そして研究論文に至るほぼすべての法学的文献ジャンルは、今日でもなお『レーゲンスブルクのテーゼ』と取り組んでいる」のである (Greundrechte 井上編訳「日本語版への序文」i頁以下)。

おいて制度概念および制度と自由の関係の再構築を試みた論者はあったし、自由権的基本権規定から防禦権以外の法的意味内容を汲みたそうとする見解は存在した。ヘーベルレの新しさは、むしろそれを徹底させた点にある。」(小山①68頁以下) と評する。

また、西浦もヘーベルレの憲法論を、「多元主義的公共性観念に基づいて徹底した多元主義的・開放的憲法概念を展開したもの」と評価する (西浦③20頁)。このようにヘーベルレの憲法論の評価には、「徹底性」がつきまとうが、これは上で述べた、その時々の問題状況に応じてさまざまな理論的提言を行うというヘーベルレの特徴とも通底するのである。すなわち、「ヘーバーレの所説は、いわばドイツという国家自体が流動化・〝動態化〟し、『公共性の高揚状態』が蔓延した60年代末から70年代はじめにかけた時期を、政治的・社会的背景にすることができた。……逆にだからこそ、彼の『ラジィカルな徹底』は、……時代適合的だったともいえるだろう」(渡辺洋①(2)364頁。なお、篠原54頁)。

(3) 開 放 性

1) ヘーベルレの論稿の特徴の一つは、その用語の多義性である。ヘーベルレは意識的に言葉の多義性に着目して概念構成をしている。たとえば、憲法論全体を貫く基本的なキーワードである、「Öffentlickeit」について、彼は次のように説明する。

「Öffentlickeitとは一方において領域概念だということである。この概念は、経済、学問、芸術そしてまた政治といったものを示し、これらが、レス・プブリカの全体を、様々な活動領域、作用領域に分割する。分割されたものは、政党、団体、組合、企業、教会、メディアであり、これらは、基本権によって保障されつつ、利益抗争を行う。『市場』もまた、一つのそのような社会的公共的な部分領域であるが、もちろんすべてのものの基準ではないし、ましてや人間の基準ではない！　立憲国家においては、Öffentlickeitは、既述の『共和制的な領域の三和音』の国家と私的なるものの間の緊張線上にあるが、単なる

『中間領域』以上のものである。他方において、Öffentlickeit は価値概念である。この概念において、『レス・プブリカ (res publica)』、『共和国』、『レス・サルス・プブリカ：公共の福祉 (res salus publica)』、『公共的自由』という思考の鎖が、その内容となっているのである。」(Verfassungsstaat (井上、畑尻編訳) 185 頁以下 (川又訳)、なお、kooperative, S. 44f., 本(1) 286 頁、(2) 409 頁以下、また、苗村 207 頁)。したがって、Öffentlickeit という言葉が、ある時は「公共性」の意味で、またある時は「公共圏」の意味で、場合によっては両者の意味で用いられ、それだけに不明確さ難解さがつきまとうのである[8)]。

2) ヘーベルレは、さまざまな問題意識や斬新な問題設定、視点を、独自の用語、短いフレーズであらわし、これが大きな魅力となっている。「開かれたプロセスとしての憲法」、「憲法共同体 (憲法ゲマインシャフト)」、「社会契約としての憲法」、「第五の解釈方法としての憲法テクストの法比較」、「ヨーロッパ憲法 (論)」、「立憲国家という類型」、「憲法解釈者の開かれた社会」、「文化科学としての憲法論」、「手続的能動的地位」など、ヘーベルレ憲法論の特徴をあらわす造語がいわばライトモチーフとしてさまざまな場面においてさまざまな意味合いを新たに獲得しながら展開されている。ヘーベルレは概念装置を案出し、これを彼自身の理論、さらには従来の学説のネットワークの中に組み込み、ネットワークの構造を変化させ、理論・学説・判例にイノベーションをもたらす。

フォスクーレによれば、「テクストはあたかもその媒介するものにつなぎ留められている状態から解かれる。編集履歴が記録されるのと同じようにそこで

---

8) 他にも例が多い。たとえば井上典之は Leistung の訳語について次のように説明する。「Leistung という語は、法学用語として通常の場合『給付』という訳語があてられるのであるが、それは一般用語として『能力 (性能)』あるいは『業績』という意味をも併せ持っている。本稿では、その Leistung という語によっていわゆる『給付』という意味と、『能力』あるいは『業績』という意味とが、いわば掛け言葉のように用いられており、そのために以下では、それぞれどちらの意味が強くこめられているかによって訳語を使い分けることをここでお断りしておく」(Grundrechte 井上編訳 4 頁)。

書かれ、書き加えられ、書き換えられる。まったく異なる起源をもつ自他のテクストが統合され、つねに変化に備えており、新たなものを取り込み、すでにあるものを活性化し、また一部更新する。『成長の循環』の中の生産とヘーベルレが呼ぶものである」(フォスクーレ⑵23頁)。このように一つのテクスト(テーゼ・フレーズ)がさまざまな異なったコンテクストの中に置かれてさまざまに変化する。まさにヘーベルレの「主題と変奏」である。

反面、そのような造語の意味が必ずしも明確ではなく、また断片的で体系的でないこともつねに指摘されることである。「頻繁に登場する『立憲国家という型』、『自由民主制』、とりわけ『多元主義の憲法』といった『スローガン』は、本書ではいずれも断片的で、その体系的全貌は必ずしもはっきりしない」(渡辺洋①⑵372頁、同376頁)とする指摘や、「彼において概念の正確性と冷静さが欠けていることが指摘されているものと思われる。このことは、『オプティミズム』と並んで、良くも悪くも彼の憲法学全般に当てはまる特徴である」(渡辺康行①⑷48頁、同69頁、同様の指摘は、石川健治207頁、戸波①⑵98頁)とされている。

3) すでに述べたようにヘーベルレの憲法論にあっては、それぞれの主張とその論拠が立体的、重層的に結びついている。そしてその端的なあらわれが三和音(トリアス)という表現である。ヘーベルレは、三和音(トリアス)という表現を好んで用いる。たとえば、代表作の一つである『給付国家における基本権論』では、その主張のエッセンスを次のような有名なフレーズであらわしている。すなわち、社会的自由のための実質的な平等原則の『梃子の作用』は説明を必要とする。人間の尊厳、社会国家そして平等主義的民主主義という三和音は、社会の全体的な関係の中ですべての者の最適な現実的自由(Hesse)が達成されることを要求する。それは次のことを意味する。つまり、給付国家は、すべての者が実際に、平等に自由を行使しうるための諸々の前提と条件とを作り出さなければならない。自由は、それを要求しうる事実上の前提なくしては無価値であるからである(Grundrechte, 190(井上編訳84頁以下))。また、「コンテクスト概念、経験科学的評価および文化憲法の内容という三和音が憲法の開放性（公開性）を基礎づけている」(Verfassungsinterpretation, 152)。さらに、立憲国家を特徴づけるのは、「国家的」領域、「社会的—公共的」領域および「私的」領域ないし私的自由という「共和制的な領域の三和音」である（Verfassungsstaat（井上、畑尻編訳）184 頁（川又訳））としたり、憲法裁判所を——自由を保障する——多元主義の三和音、すなわち、基本権、権力分立および連邦主義という三和音において考え〈51〉、「国家像」、「世界像」、「人間像」を憲法学を基礎づける三和音（Verfassungsstaat（井上、畑尻編訳）206 頁（栗城訳））としている。そして、三和音の一つ一つがまた別の三和音の構成要素となり、これがまたさまざまな形で結びあっているのである。その重層的な構造をどこかで切断すれば、結果的に体系的完結性・一貫性の欠如あるいは断片性が強調されることになる。

(4)　あれもこれも

1)　すでに言及したように、ヘーベルレは主権（概念）が特定の歴史的問題状況に対する歴史的返答であるとして、従来の主権（概念）を、七つの観点で整理する。その際、このような観点からの従来の議論では、「個々の論者は、あれかこれかという思考形式によってしばしばポレーミッシュに対峙し、しかるべき中庸を欠いている」と評している（Souveränität, 370、なお、澤野 40 頁以下）。また、法源に関して、「一般に行われている『形式的法源（formale Rechtsquelle)』と『認識的法源（Rechtserkenntnissquelle)』との区別が維持されうるかどうかということは、たんに疑わしいというだけの問題ではない。『裁判官法』とは、はるか昔にこのカテゴリーの『間で』確立されたものである。立憲国家のモデルにおいては、そうした古い択一的な制定法または裁判官法は、両法源の融合形態（eine Sowohl-Als-auch）へと次第に変化しているのである。」(Verfassungsstaat（井上、畑尻編訳）75 頁（塩入訳））と述べる。

憲法解釈論という視点から綿密にヘーベルレの憲法理論を検討している渡辺康行は、次のように指摘する。「このようにヘーベルレの議論の中には、時期を問わず、『動態的な』要素と『静態的な』要素が含まれている、と言うことができる。彼が『あれもこれもの名人』(ein Meisiter des Sowohl-als auch) と評されるのは、もっともである」(渡辺康行①(4) 52頁。なお、57頁)。また、同様の指摘は渡辺洋にもある。「それとも、〝あれもこれも思考〟によれば、多元主義国家・憲法論の論理すらも『二者択一的思考』で貫いてはならないのか。だとすれば、私には、『知的不寛容』のためか、こうした論法を論理的に理解することはできない。これをもって、〝実務法律家的なバランス感覚〟——それとも、〝ナチス的潔癖性への嫌悪からくる中庸の精神〟——と評するか、“何でもありを許す知的不節操〟と表するかは、ほとんど紙一重だといったら、言いすぎだろうか。ここに至り、かつてケルゼンがスメントに浴びせた批判——「体系的完結性の完全な欠落」……!——を想起したのは、私だけではないだろう。」(渡辺洋①(2) 379頁。また、同373頁以下)。

ヘーベルレによれば、あれかこれか (Entwerder-Oder) 思考は知的不寛容の形式となる可能性があり、寛容と多元主義の表現である、あれもこれも (Sowohl-als auch) 思考が採用されなければならない (栗城②(1) 17頁、フォスクーレ(1) 22頁以下、Lichte S. 28 f.)。なぜなら、「多元主義理論の立場に立ってコンセンサスを考えるとすれば、そのコンセンサスは、……異なった意見の調和的共存の上になりたつコンセンサスである。このようなコンセンサスを基本的視角とする憲法理論は、基本的・原理的問題について“あれか・これか”の態度をとらず、“あれも・これも”の態度をとることになる」(同8頁) からである。その根底には、ヘーベルレが拠って立つ批判的合理主義がある。フォスクーレが引用するヘーベルレ自身の言葉では次のように述べられている。「寛容と多元主義の表現であるあれもこれもという民主主義的な徳は、オールタナティブ思考の指針であり続けなければならない。あれかこれか思考は、知的不寛容の形式の可能性がある。それは、『あれもこれも』の調整、そしてそれに続く民主的妥協への途を阻害する恐れがある。その点で、可能性思考とオールタナティブ思考は可謬性の要請を伴う批判的合理主義の特殊な現れなのである」(フォスクーレ(1) 30頁)。

2) ヘーベルレは好んで広狭二義という手法を用いる。すなわち、ある言葉の従来の意味を狭義とし、これに対して新しい意味を「広義」とする。たとえば代表的なものとしては、広狭二義の憲法解釈（者）がある。「『憲法解釈』の概念は、広く理解される。それは、従来の狭い意味、すなわち法律家、特に裁判所による憲法解釈と並んで、広い意味、すなわち憲法解釈に消極・積極に参加する多くの者、最後には政治的共同社会に参加するすべての者の憲法解釈を包摂する。これらすべての者は、Constutitutional law in public action の意味での基本法に生命を吹き込むのである」(Verfassungsinterpretation, S. 123 f.)。

ヘーベルレが第一に強調するのは広義の憲法解釈（者）概念それ自体の有用性ではなく、広義と狭義の概念相互の交流という考え方の有用性である（栗城②(1) 16 頁)。すなわち、広義の憲法解釈も解釈とみなされることによって、すでに術語的に（解釈者としての）市民と法律専門解釈者との間が、市民の法的に重要な行為（解釈）と職人集団および職業人の巧みなすなわち、「合理的に理由づけられたコンセンサスが得られやすい解釈との間が架橋される。これらによって共通に得られる全体的な結果が、多元主義的憲法解釈である」(Verfassungsinterpretation, S. 124)。

具体的には、まず、両解釈方法を内的に結びつけるものとして考えられるのが、自己理解である。プレス、芸術家、労働者、契約当事者、教会、宗教団体、世界観団体は、憲法学者による憲法解釈のために重要な「自己解釈」を提供するものである。この際、自己理解は、Konstituierende Element となる。市民と集団がその共同社会についてもつ理解は、この点において「その国の真の憲法」である。また、広義の憲法解釈を狭い（人的に強調された）意味の憲法解釈と区別すること、しかし同時に両者を結合するということは、参審制の意味、法律専門家ではない名誉裁判官、陪審員と法律専門家の裁判官の合議の意味を明らかにする。同様に、広義の憲法解釈と狭義の憲法解釈は同じ具体的な人（人格）を通して行われる。たとえば、裁判官は市民としては広義の憲法解釈者である。それゆえ、たとえば裁判官の経歴が重要となる。狭義の憲法解釈者を広義の憲法解釈者としてみるこのようなやり方は新しい研究分野を開くものである。裁判官の生活は同時に市民の生活であり、これは職人的な法律専門家としての解釈に影響を与えるものである。さらに、憲法解釈の基準としての「社会通念」あるいは「市民感覚」、「世論」の意味が広義の憲法解釈概念によってはじめて体系的に位置づけられる（Verfassungsinterpretation, S. 124 f., Verfassungsinterpreten, S. 155 ff.）。

このように広狭二義の概念を用いる意図は、たんにある概念の意味内容の拡張ではなく、広狭二義間における相互交流という視点によって憲法状況を広くかつ有機的に説明しようとすることにある。この趣旨は、広狭二義の憲法制定（Verfassunggebung, S. 195 ff., 栗城②(4)118頁以下）、権利保護（Grundrechte, S. 201（井上編訳128頁））、社会権的基本権（Grundrechte, S. 188（井上編訳81頁））、憲法訴訟法〈25〉においても展開されている。

3） 以上のようなヘーベルレの憲法論の特徴は、彼の「文化」概念にも明確な形であらわれている。ヘーベルレは、「文化科学としての憲法学」の最初に、「文化の概念」について考察する。文化科学としての憲法学は、文化という中心概念を簡単に前提にすればよいというものではないが、他方、その多義性を定義的にあるいは具体的に把握することはほとんどできない。公法学は、通常、狭義の「文化」概念を前提とするが、たしかに、この概念は、教育、学問および芸術という三つの領域において、相当具体的に規定され、「文化」に関する日常的な理解とも結びつく。しかし、たんに法と国家から文化を考えるのではなく、逆に文化からも法を考え、文化の日常的な理解を人類学および社会学的定義によって補完すると、このような概念の限定は、その認識の限界が直ちに明らかになる（Kulturwissenschaft, S. 2）。

それでは、広義の文化概念はどうあるべきか、文化のさまざまな古典的定義も、これに続く文化人類学ないしは社会学的なさまざまな定義も、そのまますべて問題なく受け入れられるというわけではない。「ここで三つの洞察が確認される。文化は過去に存在していたものを媒介するものである。これは伝統という観点である。文化は過去に存在していたものを発展させるものである。これは発展という観点である。文化はつねに文化と一致するものではない。すなわち政治的共同体はさまざまな文化をもちうる。これは多元主義という観点である。伝統、変遷および多元主義ないしは開放性という三つの指導観点の体系によって文化科学というドグマと文化科学としての憲法論が指導されるべきである。……重要なのは、共同体の文化は多かれ少なかれつねにこのような観点すべてを提示するであろうという認識である。文化の概念をそのさまざまに変化しうる極と多様な面の間で、さまざまな法的コンテクストに応じて区分する、このような厳格な考察方法のみが、規範体系を用いて政治的共同体が発展しうる枠の創造に限定するという法律家とその任務に適合するのである（いずれも強調は引用者）」（Kulturwissenschaft, S. 4 f.）

「このように広義に理解される文化は、立憲国家におけるあらゆる法テクストと法的に重要な行為のコンテクストを形成する……この種の広範な文化概念は一見すると、『文化』がオールオアナッシングに説明する万能概念あるいは白紙概念に変質する危険を冒すことになる。しかしながら、抽象的な（なにより事物領域に固有で具体的ではない）側面への限定はすべて、……問題意識、研究の可能性および認識の機会を失うという犠牲を伴うのである」（Kulturwissenschaft, S. 5 f, なお、太田 23 頁以下）。

5　結びにかえて

以上のように、個別の分野における評価とも関連すると思われる「広汎さ」、「徹底さ」、「開放性」、「あれもこれも」というヘーベルレ憲法論の問題とされる点は、まさにその憲法論の特徴ともいえるものである。

それは、まず、ヘーベルレの憲法論が憲法問題をトータルに理解・把握しようとしていることにある（栗城 ⑥ 66 頁以下）。したがって彼の守備範囲は非常に広く憲法学の対象である全領域にわたるとともに、基礎理論から時事的問題まで現代社会が提起するさまざまな問題を視野に入れている。

また、ヘーベルレは、「国法学に新しい領域、新しい考察方法を接近させあるいはこれらを開拓してきた」（Frankfurter Allgemeine Zeitung von 13. Mai 1994）のである。つまり、彼の理論はその時代その時代の最先端の問題意識に根ざした問題提起をつねに行うという姿勢で貫かれている。彼は、「過去を否定することなく、馴染みの方法路線から解き放たれて、ラディカルとしか呼びようのない帰結をもたらし、文化科学的パラダイムにおいて法テクストとコンテクストの間でさまざまに変化する『(実定) 憲法論』の多彩な世界を自他に切り開いたのである」(フォスクーレ(1)21頁)。それを受け入れるか否かはともかくとして、問題を解明するためには彼の理論を避けて通ることはできないからである。

ヘーベルレの憲法論に対しては、彼が示した問題の方向性での具体的な議論の展開が十分でないという評価がつねにつきまとう (西浦 ③ 21頁)。それは、彼の理論が自己完結的な「閉ざされた」体系ではなく、その具体的な展開を各論者に委ねた問題提起的な「開かれた」体系であるからである。後に振り返ると、彼が提唱した問題領域や問題意識を後の者が精緻なものとして体系的に完成されるという形を取ることが多い。

したがって、P. ヘーベルレの憲法論はその個々の主張に同意するか否かはさておき、現代の日本の憲法学がその課題を解明するために必ず立ち寄るべき武器庫といえるのである。

Ⅳでは、憲法裁判に関してヘーベルレの武器庫を点検し、あわせて日本の問題にも言及する。

III　ドイツ統一における P. ヘーベルレ

目　　次

1　変革期の国法学者

G. イェリネックが大著「一般国家学」を出版した 1900 年以後、ほぼ 1 世紀にわたりドイツは有力な国法学者を輩出した。

それ以降、O. マイヤー、H. プロイス、H. トリーペル、G. アンシュッツ、H. ケルゼン、R. スメント、C. シュミット、H. ヘラー、E. ホルストフォフ、G. ライプホルツ、K. ヘッセ、H. エームケ、E.-W. ベッケンフェルデ、F. ミュラーという現代ドイツの国法学を代表する多くの大学者たちを輩出し、かれらは、いずれも日本の公法学に大きな影響を与えた。

彼らの多くはドイツ帝国の崩壊、ワイマール憲法の成立と崩壊、ナチス体制の成立と崩壊、東西ドイツの分裂とボン基本法体制の成立など、研究の対象である国家の変革を幾度も経験しながら、それを自己の理論的営為に反映させて、国法学の体系を構築してきた。

このようなドイツ国法学は、ドイツの統一、東欧革命およびヨーロッパの統合という一連の変革を通して、かつて経験したこともない国家の統合、創設そして連合の同時進行という事態に直面することになった。

P. ヘーベルレはドイツ統一にかかわる一連の変革において積極的に発言をした国法学者の一人である。1934 年生まれのヘーベルレは一連の変革以前にすでに自己の理論的営為が確立しており、またその理論的営為に変革期の問題意識を取り込む余地があった。

しかも、たとえば、「多元主義的公共性」、「フォーラムとしての憲法」、「多元主義的枠秩序としての憲法」、「国家と社会の法的基本秩序」、「開かれた公共的プロセスとしての憲法」、「ユートピアとしての憲法」、「憲法の核としての経験」、「文化としての憲法」、「文化科学としての憲法論／学」、「教育目的としての憲法」、「国民を含めた広義の憲法解釈（者）概念」、「開かれた多元主義」、「制度的基本権理解」、「社会国家的基本権理解」などの言葉であらわされるヘーベルレの憲法理論、基本権論、憲法解釈方法論、憲法裁判論と多岐に渡る彼の主張の多くが、この時期に受け入れられる余地が十分にあった。

さらには、彼の理論体系自体が、一連の変革を個別的にではなくトータルに把握する指向性をもっている。まさに、ドイツ統一をめぐる一連の事象は、ヘーベルレ憲法論の壮大な実験場となったのである。

2　東西ドイツの統一と基本法の改正

(1)　統合の方式

ベルリンの壁が崩壊し、東西ドイツの統一が政治的日程に上ったとき、基本法上、統一の方式については、23 条か 24 条か 146 条かという三つの道が開かれていた[1)]。

基本法 24 条方式（「連邦は、法律により、主権を国際機関に移譲することができる」）は、条約共同体——国家連合——連合（連邦国家）という統合の形であり、1989 年末のモドロウとコールの合意した 3 段階方式がこれにあたる。しかし、この最も穏当な方法は、事態の急速な進展の中で顧みられなくなる。残された可能性は、146 条方式（「この基本法は、ドイツ国民が自由な決定で議決した憲法が施行される日に、その効力を失う。」）か、23 条方式（「この基本法は、さしあたり……の諸州の領域に適用される。それは、ドイツの他の領域については、その加入後効力を生ずるものとする。」）かであった。

このいずれの方法を採用するかについてはするどい対立があったが、ヘーベルレは、両方式とも長所と欠点があり、23 条か 146 条か（Entweder/Oder）で

1)　以下の経緯とその詳細な検討については、広渡清吾『統一ドイツの法変動』（有信堂、1996 年）24 頁以下、高田篤「ドイツ統一直前のボン基本法（3・完）」自治研究 67 巻 1 号（1991）107 頁以下、初宿正典「最近のドイツの憲法改正について (1) —(2・完)」自治研究 71 巻 2 号（1995） 3 頁以下、 3 号 3 頁以下、山田晟『東西両ドイツの分裂と再統一』（有信堂、1995 年）502 頁以下、北住炯一『ドイツ・デモクラシーの再生』（晃洋書房、1995 年）117 頁以下および毛利 ① 30 頁参照。

はなく「23条も146条も」(Sowohl-Als-auch)という形で考えられなければならないとする(Verfassungspolitik, S. 722.)。つまり、23条方式では旧東ドイツが旧西ドイツに編入されることにより、旧東ドイツがもっているさまざまな政治文化、経験を取り入れることができなくなる。また、146条方式では新しい憲法が制定されるが、これは連邦議会と人民議会のみによって行われてはならない。なぜなら、強いエトスとパトスを伴った、ドイツ国民が自由な自己決定によってドイツの自由と統一を完成させるという基本法前文と146条の要請があるからである。したがって、ここでは全ドイツの国民が憲法制定に直接参加しなければならない。しかし、現状は、このような憲法制定作業のための時間的余裕を許さない(Verfassungspolitik, S. 722 ff.)。

ヘーベルレは、このような両モデルの欠点を回避するには、両モデルを組み合わせた方法が有効であるとする。まず、東ドイツは、146条を留保した形で基本法の傘下に入り、経過規定および必要な基本法の部分改正について西ドイツと合意する。西ドイツは146条に基づき東ドイツあるいはその各州とともに新しい全ドイツ憲法の制定作業を行う。これは、形式的には全面改正であるが実質的には部分改正になる。すなわち、基本法は発展的な補充は受けるが、その本質的な部分においては維持される。そして最終的には新しい全ドイツ憲法は国民投票に付される。これによって、新しい憲法に正当性が付与されるのである(Verfassungspolitik, S. 725 f.)。

(2) 基本法改正の諸提案

以上のような形で行われるべき全ドイツ憲法にはどのような条項が加えられるべきであろうか。ヘーベルレは、1990年の段階で次のような提案(新しい全ドイツ憲法のための7提案)を行っている。これらはいずれも、憲法制定にあたってはじめて示されたというものではなく、むしろ彼の今までの主張を基本法改正の提案という形でまとめたものである(Verfassungspolitik, S. 360 ff. (S. 727 f.))。

1) ヘーベルレは1989年の東ドイツ革命における旧東ドイツ市民の運動を高く評価し、当時のスローガンである「我々が人民である(Wir sind das Volk)」

という文言を前文に入れることを提案する。また、分権主義をより明確にするために前文に「ドイツ連邦共和国は州に基礎をおく」ことを明記すべきであるとする（第1提案）。

2）スメントの統合理論の流れを汲み直接民主制を積極的に評価するヘーベルレは、直接民主制的の要素を基本法に組み入れるべきであるとする。彼によれば、ワイマール時代・ナチ時代の苦い経験はあるが、ドイツ人はいまや成熟した公民であり、連邦レヴェルでも直接民主制を導入すべきである。これは、議会を弱体化するものではなく、政党の活動に一定の枠をはめるものである（岡田①574頁以下）[2]（第2提案）。

3）従来からドイツの経済の基本原理は、社会的市場経済であったが、ヘーベルレは資本主義と社会主義の間の第三の道としての社会的市場経済を憲法に明記すべきであるとする（第3提案）。

4）ワイマール憲法との対比での基本法の特徴の一つが社会権規定の不存在である。これは、憲法の実効性を維持するためにプログラム規定はできるだけ入れないという配慮に基づくものである。たしかに、国家は「社会国家」の実現という形で、社会的市場経済の枠内で勤労や住宅について配慮する義務があるが、しかし、これを権利という形で基本法に規定すれば、基本法の自由権の枠組みが危うくなるという主張に首肯できる点はある。これに対して、基本権を配分請求権としてとらえ、国家の積極的な配慮があってはじめて基本権に実効性が生じるというヘーベルレの基本的な立場からすれば、勤労や住宅の権利といった社会権的基本権の成文化が要請される（第4提案）。

5）さらに、人権保障のための国家の積極的な役割を求めるために、勤労と職業訓練を国家目標に組み入れるべきであるとする（第5提案）。

6）州の文化高権にもかかわらず、連邦も文化に対して一定の積極的な役割を演じるべきであり、基本法に文化国家条項が設置されるべきである。その上で、人間の尊厳、寛容、平和および文化の尊重について教育を通じて憲法上の

2）Vgl. Thüringer Allgemeine von 20. November 1993.

統合が図られるべきであるという観点から、憲法・基本権を教育目的である旨を明文化することが提唱される（第6提案）。

7)　最後に、環境保護を国家目的に掲げることが検討されている（第7提案）。

さらに、1992年には以上のような提案に、多元主義と開かれた憲法という理念を具体化するために、高齢者、障碍者を含む少数者の保護（岡田②54頁以下）と州、市町村レヴェルでの外国人の参政権の保障が加えられている[3)]。

(3)　基本法の改正

1990年3月の東ドイツ総選挙では、23条方式を主張するドイツ連合と146条方式を主張するSPDとの争いの中で、国民の多数が23条方式に賛成し、8月の統一条約によって23条方式で東ドイツ（5州）が旧西ドイツに編入されることになった。同条約は、統一に伴う最小限度の基本法の改正（前文、23条、51条、146条など）を行うと同時に、「条約の両当事国の政府は、統一ドイツの立法機関に対して、2年以内にドイツの統一に関連して明らかとなった問題に関して基本法を変更又は補充することを勧告する」とした（5条）。これを受けて統一後に基本法改正作業が行われ、連邦議会および連邦参議会による可決後、1994年11月3日に公布、15日に施行された。改正は合計14カ条であるが、内容上重要な改正は、①3条2項に男女同権の促進を立法者に義務づける規定が、②3条3項に障碍を理由とする差別的取扱の禁止が加えられたこと、③20条の国家目標規定に20a条という形で、環境保護の積極的推進が規定されたことにとどまった。

憲法改正の過程においてはさまざまな案が出され議論も行われたが、結果的には、非常に限定された範囲の改正にとどまり、また国民投票も行われることなく通常の憲法改正手続に従ったものとなった。このような結果、特に彼の主張する文化国家条項、連邦レヴェルでの直接民主制の導入は見送られることになった。

---

3)　Vgl. Nordbayerrischer Kurier von 7. Februar 1992.

3　旧東ドイツ諸州の憲法の制定

基本法の制定と同時進行的に1990年10月のドイツ統一以降、旧東ドイツの各州では州憲法の制定作業が進められた。そして、ブランデンブルク州憲法（1992年4月22日）、ザクセン州憲法（1992年5月27日）、ザクセン・アンハルト州憲法（1992年7月16日）、メクレンブルク＝フォアポンメルン州憲法［以下、「メクレンブルク州憲法」］（1993年5月23日）、チューリンゲン州憲法（1993年10月25日）と、次々に産声を上げた[4)]。

その内容は、基本法の改正には見られない積極的規定が多く、ヘーベルレがいうようにまさに「百花繚乱」[5)]であった。これを、先の基本法改正に関するヘーベルレの諸提案に準拠して、整理すれば次のようになる[6)]。

1）　市民運動の積極的評価（提案1）

統一に果たした市民運動の役割を評価して、「政党と市民運動は国民の政治的意思形成に参画する」（メクレンブルク州憲法3条4項）あるいは、「公的任務を引き受け、公的意見形成に影響を与える政党及び市民運動は、その内部秩序が民主主義的秩序に合致していなければならない。これらの政治への参加の自

4）　州憲法および憲法草案の条文については、JöR, Bd. 40 (1991/1992), S. 366/499, Bd. 42, 1994, S. 201/324, Bd. 43 (1995), S. 355/418を参照。フォスクーレによれば、JöR（「公法年報」）で「新五州の憲法制定を追っていたのは当時助けになることこの上ないものであった」（フォスクーレ(2)26頁、なお、前原332頁）。

5）　Vgl. Thüringer Allgemeine von 20. November 1993.

6）　本稿では基本法改正に対する彼の諸提案にそった条文の紹介にとどめるが、州憲法の詳細な分析と検討は、Verfassungsbewegung, S. 149 ff., Schlußphase, S. 355 ff.,　木戸衛一「統一ドイツ新連邦州における政治秩序の形成」阪大法学43巻4号（1994）143頁以下、脇田吉隆「ドイツ新連邦5州の州憲法制定過程」法の科学23号（1995）167頁以下、およびトーマス・ヴュルテンベルガー（國分典子訳）「新しい連邦諸ラントにおける憲法制定」自治研究71巻3号（1995）114頁以下、北住前掲注1）134頁以下参照。

由は保障されなければならない」(ブランデンブルク州憲法20条3項）のような、市民運動や市民自助組織に関する規定が置かれている。

2）　直接民主制（提案2）

さらに、すべての州で直接民主制の導入が試みられている。ブランデンブルク州憲法では、国民発案（Volksinitiative）として、2万人の有権者の署名に基づく法律案に対する国民発案および15万人の有権者の署名に基づく議会の解散申立て（76条）が、国民請求（Volksbegehren）として、州議会が国民発案に同意しない場合には、国民発案の代表者の要請があれば国民請求が行われ（77条)、国民投票（Volksentscheid）として、州議会が国民請求に応じない場合には、国民投票が行われる（78条)。

同様の制度は、ザクセン州憲法70条以下、ザクセン＝アンハルト州憲法80条以下、メクレンブルク州憲法59条以下、チューリンゲン州憲法81条以下にも見られる。

3）　社会的市場経済条項（提案3）

ブランデンブルク州憲法では、42条で経済活動の自由と並んで、「経済生活は、社会的に適切で自然環境の保護を義務づけられた市場経済秩序の原則にしたがって形成される」と定められている。

同様の規定は、チューリンゲン州憲法38条にも見られる。

4）　勤労権・住居権の保障と国家目標規定（提案4・5）

勤労や住宅の権利といった社会権的基本権が保障され、その保障が州の義務であるとされた。たとえば、ブランデンブルク州憲法では、48条で、勤労に対する配慮義務（「州はその諸力の枠内において、完全雇用及び労働促進政策を通して勤労権の実現に配慮する義務がある。」）が、また、快適な住宅の配慮義務（「州はその諸力の枠内において、適切な住居を求める権利の実現に配慮する義務がある。」）が規定されている。

ザクセン州憲法7条1項（勤労・住居）、ザクセン＝アンハルト州憲法39条（勤労）、40条（住居）、メクレンブルク州憲法17条1項（勤労）3項（住居）およびチューリンゲン州憲法35・36条（勤労）、15条（住居）にも同様の規定がある。

5）　文化国家条項、教育目標としての基本権・憲法（提案6）

たとえば、ブランデンブルク憲法34条では、文化的な生活への参加を保障することが州・市町村、市町村連合の義務とされ、28条で「人格の発展、独立した思考と行動、他人の尊厳、信仰及び確信の尊重、民主主義と自由の承認、社会的正義への意思、異文化及び諸国民との共同生活における平和と連帯並びに自然及び環境への責任を促進すること」が教育目標とされている。

同様の規定は、ザクセン州憲法11条（文化）101条（教育目標）、ザクセン・アンハルト州憲法36条（文化）、27条（教育目標）、メクレンブルク州憲法16条（文化）、15条4項（教育目標）およびチューリンゲン州憲法30条（文化）、22条（教育目標）にも置かれている[7]。

6）　環境保護（提案7）

ブランデンブルク州憲法は、「現在及び将来の生活の基盤としての自然、環境及び景観の保護は州及びすべての人間の義務である」（39条1項）という形で、環境の保護義務を州が果たすべき責任であるとしている。

同様の規定は、ザクセン州憲法10条、ザクセン＝アンハルト州憲法35条、メクレンブルク州憲法12条、チューリンゲン州憲法31条にも置かれている。

7）　少数者の保護義務

ブランデンブルク州憲法は25条で少数民族保護（「ソルブ人（旧東ドイツ南東

7）　小林真理は、ヘーベルレの文化科学としての憲法論を、現在の各州憲法の憲法テクストの法比較分析という手法で展開している（小林①10頁以下）。

部に住む西スラブ系の種族でソルブ語を話す――引用者）はその民族的アイデンティティ及びその出身居住地域の保護、維持及び保存を求める権利を有する。州、市町村及び市町村連合はこのような権利の実現、特にソルブ人の文化的独立性及び有効な政治的共同形成を促進する」）を、45 条で障碍者・高齢者の保護（「州はその諸力の枠内において、病気、事故、心身障碍、看護を必要とする者及び高齢者の社会保障の権利の実現に配慮する義務がある。」）を規定する。

同様の規定は、ザクセン州憲法 6 条（ソルブ人保護）、7 条 2 項（高齢者・障碍者の保護）、ザクセン・アンハルト州憲法 37 条（文化的・民族的少数者の保護）、38 条（高齢者・障碍者の保護）、メクレンブルク州憲法 18 条（民族的少数者の保護）、17 条 2 項（高齢者および障碍者の保護）およびチューリンゲン州憲法 2 条 4 項（障碍者の保護）にも置かれている（岡田② 50 頁以下）。

8）　州、市町村レヴェルでの外国人の参政権の保障

ブランデンブルク州憲法では、基本法が認める範囲においてブランデンブルク在住の外国人も州議会および自治体の代表機関の選挙権・被選挙権並びに国民発案、国民請求、国民投票等の権利を有する（22 条 1・2 項）という形で、外国人にも一定の参政権が認められている。

9）　男女同権促進義務

基本法 3 条 2 項と同様に男女同権の促進を義務づける規定が置かれている。たとえば、ブランデンブルク州憲法 12 条 3 項によれば、「男性と女性は同権である。州は、職業、公的生活、教育及び職業訓練、家族並びに社会保障の領域において有効な処置によって男女の同一の地位に配慮する義務を負う」。

同様の規定は、ザクセン州憲法 8 条、ザクセン・アンハルト州憲法 34 条、メクレンブルク州憲法 13 条およびチューリンゲン州憲法 2 条にも置かれている。

4　変革期におけるヘーベルレ理論

以上のように、基本法改正においては彼の諸提案のほとんどは採用されなかった[8)]が、旧東ドイツの諸州の州憲法制定にあたっては、結果的に彼の諸提案の多くがそこに反映されることになった。

特に、ヘーベルレは、すべての旧東ドイツの州で直接民主制的要素が導入されたことを非常に高く評価している[9)]。このような評価の背景には、基本法においても直接民主制を導入せよとの提案の基礎にあった「ドイツ人はいまや、ワイマール憲法時代やナチス時代と違って成熟した公民である」という認識があるが、それ以上に、今回の東ドイツ革命に果たした市民運動に対するヘーベルレの高い評価がある。たとえば、あるインタヴューの中で、「ワイマール憲法はよき民主主義者のための憲法であったが、ただその数はあまりに少なかったといわれます。ボン基本法は守りの堅い民主主義であり、第三帝国の経験によって配慮せざるをえなくなった悪しき民主主義者のための憲法といえるでしょう。あなたは新しい憲法をどちらに分類されますか。」という問いに対して、ヘーベルレは、「わたしは、州憲法が良き民主主義者のための憲法であると思います。州の憲法はその市民の善意を信頼しています。そしてそれはもっともなことなのです。なぜなら、彼ら市民たちは新しい五つの州の独立をほとんど一夜にして成し遂げたからです。わたしにとって1989年の変化は文化的驚異であり、このことは、理念的にいえば、ワイマールやマルク・ブランデンブル

---

8)　「多数派が再統一を実施する際に彼の第三の道の擁護論に従っていたとすれば、どうなっていたであろうか」(フォスクーレ(2)26頁)。

9)　Vgl. Thüringer Allgemeine von 20. November 1993. なお、基本法改正における直接民主制の議論については、岡田俊幸「統一ドイツにおける『直接民主制』をめぐる議論について」法学研究68巻12号（1995）553頁以下、および渡辺暁彦「統一ドイツにおける基本法改正議論の一側面」同志社法学48巻3号（1996）478頁以下参照。

クの文化に根ざしたものなのです」と答えている[10)]（渡辺暁彦546頁以下）。

このように、ヘーベルレは、州憲法および州憲法の発展が連邦憲法のための作業場・実験場であり、スイス憲法の発展が多くのカントンの法の発展によっているのと同様に、州憲法でのさまざまな試行錯誤が後の連邦憲法の改正に豊かな素材を提供することができると考えているのである。実際に、旧東ドイツの新しい州憲法の環境保護規定、少数者保護規定、男女同権実施規定などは基本法改正の合同委員会の審議に影響を与えたといわれる。ヘーベルレが、各州憲法の内容についての詳しい分析作業を行ったのも、その根底には、このような、連邦と旧東ドイツ諸州の間でさまざまな速度で進行する憲法テクストの創出――受容――再創出――再受容というプロセスにおいて、立憲国家が一層発展し展開するという彼独自の視点があるのである。

そして、この視点は、東欧諸国の新憲法制定の動きにも拡大されている。ヘーベルレは、東欧革命を西欧立憲主義の遅れた受容ではなく、さまざまな速度で進行する立憲国家への発展の多様な時間のずれのあらわれとみなすのである。つまり、「東欧の変動は、西欧の政治文化を模範として受容しつつ、そこに national なもの、あるいは、regional なものとしての固有の文化的アイデンティティーを付け加え、「立憲国家という類型」を創造的に発展させ、その創造性が将来的に西欧に受容されるべき資質を有するものとみなされるのである」（西浦④122頁以下）。さらに、同様の視点は、文化的同質性を核にした多様な創造と受容の一つの成果としての「ヨーロッパ憲法」へと拡大されるのである（Gemeineuropäisches, S. 33 ff.）。

1776年の人間および市民の権利宣言から1789年を経て1966年の国際人権規約に至る、人間の尊厳と多元主義的民主主義を核とする西欧型の「立憲国家

10)　Vgl. Thüringer Allgemeine von 20. Novermber 1993.「いずれの憲法も東ドイツ旧社会主義を倒した1989年から90年の市民のエネルギーの紛れもない成果である。……たしかに、東ドイツは西ドイツに吸収された。しかし、新州憲法の制定にあたっては東ドイツは自らの主体性を表現したのである」（北住前掲（注1）138頁）。

の開かれた社会」は、さまざまな形の創出と受容の相互プロセスを通じて「立憲国家の世界共同体」(Verfassungsentwicklung, S. 129ff., Osteuropa, S. 101ff.) という一つのファミリーへと共同して成長し続けているのである。

ヘーベルレの憲法論からすれば、ドイツの統一、東欧革命およびヨーロッパの統合という一連の変革は、「立憲国家の開かれた社会」の拡大・発展のための壮大な実験場の一つであった[11)]。

11) ドイツ統一から20周年を迎えた2020年、現在の状況はドイツ統一当時の人々が思い描いた姿とは大きく異なっている。立憲主義、民主主義、EUどれ一つとっても非常に厳しい状況にあり、ヘーベルレが当時、思い描いた「全ヨーロッパ憲法」の「未来像」とは違ったものである。しかし、厳しい状況にあるからこそ、ヘーベルレのオプティミズム（フォスクーレ(3)70頁）が、そして「ユートピアとしての憲法」がわれわれに力を与えてくれるように思われる。

Ⅳ　P. ヘーベルレの憲法裁判論

目　　次

1　多元主義的憲法論における憲法裁判論

すでにⅡで述べたように、ヘーベルレの多元主義憲法論によれば、立憲国家という類型が、① 憲法原理（論）、② 憲法解釈（方法論）（広義の憲法解釈（者）概念）、③ 憲法裁判（論）という三和音（Trias）によって形成されるとすれば、立憲国家における憲法裁判（論）もそれ自体独立したものではなく、憲法前提理解、憲法の諸原理など彼の多様な憲法原理論そして憲法解釈方法論との強い結びつきの中で展開されることになる。

2　具体化された実体憲法としての憲法訴訟法

(1)　具体化された実体憲法としての憲法訴訟法

ヘーベルレの憲法裁判論の第一にあげられるべきは、「憲法訴訟法は実体憲法を具体化するものである」という主張である。すなわち、憲法訴訟法は、――それ自体具体化された実体憲法であり、また連邦憲法裁判所が基本法を具体化するのに資するという――二重の意味において基本法の具体化である〈84〉。これによってヘーベルレは、「憲法訴訟法の実体的理解と実体憲法の手続法的理解」という、憲法訴訟法と実体憲法の相互乗り入れを強調するとともに、憲法解釈方法論と憲法訴訟法との相互関係についても明らかにする〈24〉（高見 ③ 99 頁以下、宍戸 283 頁以下）。

ここでの憲法訴訟法とは、申立てから判決という具体的な憲法裁判の開始から終了に至るまでの諸規定（「狭義の憲法訴訟法」）ばかりでなく、憲法裁判官の選出に関する規定、兼職禁止規定、憲法裁判官の資格・在職期間・員数および裁判官の活動以外の職業活動（兼職）に関する規定など、具体的な憲法裁判に先立つ諸規範をも意味する（「広義の憲法訴訟法」）。そしてこの意味での憲法訴訟法は、実体憲法との全体的関連において解釈されなければならない[1)]。憲法訴訟法には、独立して扱いうるような個別的な問題はほとんどない〈25〉（川又138、同160頁）。

そしてこのように理解された憲法訴訟法は手続法ではあるが、実体的に実定憲法によって、その前提理解、その原理（たとえば多元主義、少数者保護、権利分立そして公共性（圏）・公開性）によって、そして憲法の解釈方法（たとえば、「現実を考慮に入れ結果に配慮した解釈」）によって解釈し説明されなければならない。憲法の諸原理は、憲法訴訟法の諸原理にあらわれている。このことが方法論に反映し、憲法訴訟法は「手続的な憲法解釈」の意味での参加法として、そして「多元主義法律」として理解される〈24〉。

(2) 憲法の諸原理と憲法訴訟法

多元主義、少数者保護、権力分立そして公共性（圏）・公開性といった憲法の諸原理は、憲法訴訟法とその諸原理に具体化されており、逆に、憲法訴訟法の諸原理が実体的な実定憲法としての性格をもつ〈27〉。

1）　多元主義に関していえば、基本権と民主主義論によって根拠づけられる基本法の多元主義的原理は、憲法解釈に関与するすべての者に対し、より良い情報提供や情報交換の可能性を作り出すという意味において、「参加に適した憲法訴訟法」を要請する（「多元主義法にして参加法としての憲法訴訟法」）。たとえば、団体のような非国家的なものへの意見聴取、鑑定人の意見聴取の改善、「関係人」の拡大などにより、憲法訴訟法は、多元主義に一層則ったものとなることができる。つまり、憲法訴訟法は「多元主義法律」として、「広義の憲法解釈」の存在を認め、「広義の憲法解釈」に役立つ〈27、62〉。

2）　また、多元主義のあらわれの一つで、民主主義と基本権的自由の標識であり憲法裁判の本来の任務である少数者保護は、裁判官の選出過程における3分の2の特別多数および抽象的規範統制の提訴に要求される4分の1という要件において憲法訴訟上、具体化されている〈7、14、24、30、53、180〉。

1）　ヘーベルレの「憲法の全体解釈」論については、三並117頁以下参照。

3）　そして、権力分立についていえば、手続開始の通知、裁判所に対する報告の要請、意見表明権そして訴訟参加の形式など他の憲法機関が憲法裁判へ関与することに関する憲法訴訟法上の諸制度は、技術的というよりも、むしろ実体的かつ機能的に理解されなければならない。連邦憲法裁判所はここにおいて他の憲法機関のパートナーであり、他の憲法機関を自らの「認識手続」の中に組み入れる。ここにおいて、憲法訴訟法における「分業的権力分立（分業的協働）」が明らかとなる。憲法解釈が創造的契機を獲得するために、憲法裁判は、他の憲法機関をその法の継続的形成過程の中に組み込むための可能性を用いなければならない〈38、105〉。

4）　さらに、憲法の公共性（圏）・公開性は、たとえば、証人・鑑定人の所属する上級機関による証人・鑑定人に対する陳述の承認の拒否を3分の2の多数で排除すること（法28条2項）や文書の提出要請を国家の安全を理由に中止する場合の決定には3分の2の多数を必要とすること（法26条2項）など、個々の訴訟制度の中に具体化されている〈31〉。また、後に述べるように少数意見制においても具体化されている。

⑶　憲法訴訟法と憲法解釈方法論との相互関係

「憲法訴訟法は実体憲法を具体化するものである」という主張は、実体憲法と憲法解釈方法論および憲法訴訟法との相互関係についても明らかにする。

1）　憲法を絶えず形成していくことは、拡大された憲法裁判を有する社会においては、主として憲法裁判官とその解釈方法を通して行われる〈17〉。

2）　しかし同時に、憲法の開放性は憲法解釈の開放性を導く。時間的、空間的に「開かれた憲法解釈」は従来の憲法解釈方法論の統合を要求する。そして、それは解釈主体に関しては「開かれた憲法解釈者」を要請する。すなわち、憲法解釈は、従来、法律家特に裁判所の任務であると考えられていたが、国家機関特に議会、政府および一般の裁判所も憲法解釈を行い、さらには、政治社会に積極的、消極的に参加するすべての者が憲法解釈者でなければならない（「広義の憲法解釈（者）」「憲法解釈者の開かれた社会」）〈17、50、61、112、137、

168、185、221、247、266、267、271〉。ここにおいて憲法裁判所は、実際上ある種の指導的地位を獲得はするものの、決してそれを独占するわけではない〈17〉。これに関連して、「憲法裁判所は憲法の番人である」という有名なテーゼが、「番人イデオロギー」として批判される。なぜなら、市民・国家機関すべてがひとしく「番人」であり、また、憲法は「公共的プロセス」（公共的プロセスとしての憲法）であって、憲法を保護するということはすでに存在するものの維持に尽きるものではないからである〈77、175、270〉。

3）　このことは、連邦憲法裁判所における憲法解釈に、① 解釈にできる限りの多元的な公開性を実現すること、そして、②「現実を考慮に入れ結果に配慮した憲法解釈（方法）」〈20、34、40〉というものを要請することになる（渡辺康行 ② 533 頁以下）。

前者については、広義の憲法解釈者を「多元的に」組み込むために、他の憲法機関、多元的集団および公共性（圏）が手続に参加することができるよう拡大し、情報収集能力を増大させ、そして関係人の範囲を拡大することが重要となる〈27〉。また、後者については次のことを意味する。すなわち、憲法裁判所による「現実を考慮に入れ結果に配慮した憲法解釈」は、その他の憲法機関、多元的集団および公共性（圏）を裁判所の意思形成および決定過程に組み込むための手続上の手段を利用しなければならない。なぜなら、憲法裁判官による裁判のもたらす結果は、連邦憲法裁判所がこの結果に責任を負うものであるにせよ、ただ連邦憲法裁判所のみがその結果を引き受けることができるものではないからである。したがって、手続への参加者の数が拡大することによって、判決が政治体制の中で獲得することが期待しうるコンセンサスの基盤がますます広がることが重要となる〈40〉。

⑷　憲法訴訟法の独自性と連邦憲法裁判所の手続の自律性

以上のようにヘーベルレは、「憲法訴訟法は実体憲法を具体化するものである」という主張から、他の訴訟法と比べて訴訟手続というよりも憲法に近いものとしての「憲法訴訟法の独自性」を強調している〈25、34、35、90、113、129、

184〉。言い換えれば、憲法訴訟法はその他の訴訟法やその一般的手続原理、それらの特殊な規定に対して自立しているのである〈129〉。この憲法訴訟法の独自性は、対象たる憲法の特性に由来し、紛争の調停、利害の調整、多元的権力分立にとって有用である。憲法を国家と社会の開かれた秩序とみなす規範的、手続的憲法理解は、憲法訴訟法を紛争に関する「ルール作り」のための、そしてコンセンサスの獲得のための政治的法と考える。このような政治的理解は、憲法訴訟法について立法上および解釈上の諸帰結をもたらすが、逆にいえば、憲法訴訟法の個々の規範からこのような政治的理解のための示唆が明らかとなる。憲法訴訟法は、実体憲法を現実化するための手続的な道具である〈26〉。

また、憲法訴訟法の基本原理が実体憲法の地位を有することによって、連邦憲法裁判所の手続の自律性が強調される。すなわち、憲法訴訟法の発展が可能で、発展させる必要のある諸原理を「憲法レヴュルの問題として扱うこと」が重要である。「連邦憲法裁判所は、連邦憲法裁判所法が詳細な手続規定を欠いている場合には、憲法裁判所の手続を発展させる任務を負っている」という形で、連邦憲法裁判所の手続の自律性が導き出されるのである〈34、185〉。

このような憲法訴訟法の他の訴訟に対する「独自性」と連邦憲法裁判所の手続の「自律性」を強調する主張に対しては批判も多い（畑尻「手続原理」[憲法裁判] 138 頁以下）。

(5)　最高裁判所による実質的憲法訴訟法の展開

ヘーベルレの「実体憲法の具体化としての憲法訴訟法」というテーゼは、形式的意味の憲法訴訟法をもたないわが国において、実質的意味の憲法訴訟法を考える上で非常に有益である。すなわち、わが国では、憲法訴訟のための特別の訴訟法も手続も存在しない。裁判所による憲法適合性審査は、民事・刑事・行政訴訟の枠内で、それぞれの訴訟要件の下で行われている。そこでは、それぞれの訴訟制度本来の趣旨・目的が強調され、憲法判断に消極的な傾向もみられる。これに対しては、実体憲法の要請・理念をそれぞれの訴訟法の解釈に生かすことによって、それぞれの訴訟制度本来の趣旨・目的が拡大され、またそれぞれの訴訟要件が緩和されることが提唱されている。

たとえば、立法行為の憲法適合性を国家賠償法で争うことは、当初は国家賠償請求訴訟本来の制度趣旨が強調されて実質的にその可能性が排除されていた（在宅投票制度廃止違憲訴訟最判昭和60・11・21民集39巻7号1512頁）が、後には、例外要件を拡大する形である程度認められることになった（在外国民選挙権訴訟最大判平成17・9・14民集59巻7号2087頁、再婚禁止期間違憲訴訟最大判平成27・12・16民集69巻8号2427頁）。ここでは、国賠法が、実体憲法との強い関連の下で、「裁判を受ける権利」、「実効的裁判救済を求める権利」などの実体憲法の要請を具体化するものととらえられ、国賠訴訟を、個人の財産ないし精神的苦痛に対する損失への賠償請求という本来の趣旨・目的をこえて、立法行為などの国家行為の違憲性の確認をもとめる訴訟（「憲法訴訟としての国賠訴訟」）として積極的に利用する可能性が開かれたのである（畑尻「国家賠償」341頁以下、「判例の類型化」3頁以下）。

また、在外国民選挙権訴訟では、最高裁は、当事者訴訟としての実質的確認訴訟を国民の権利利益の実効的救済のために有効に機能させたいという行政事件訴訟法の平成16年改正の立法趣旨に応える形で、公法上の当事者訴訟を積極的に利用して立法行為（不作為を含む）の違憲性を判断している（畑尻［最高裁判所］342頁以下）。

さらに、「憲法裁判（所）の手続の自律性」に関連していえば、最高裁判所はいくつかの場面において「最高裁判所の手続の自律性」を強調している。たとえば、議員定数不均衡訴訟に関する1976年の大法廷判決（最大判昭和51・4・14民集30巻3号223頁）では、本来の制度趣旨からいえば無理のある選挙訴訟における議員定数不均衡違憲の主張を、「およそ国民の基本的権利を侵害する国権行為に対しては、できるだけその是正、救済の途が開かれるべきであるという憲法上の要請に照らして考えるときは、前記公選法の規定が、その定める訴訟において、同法の議員定数配分規定が選挙権の平等に違反することを選挙無効の原因として主張することを殊更に排除する趣旨であるとすることは、決して当を得た解釈ということはできない。」と判示した。また、違憲判断の実効性についても「事情判決の法理の援用」とよばれる手法――実質的には「違憲確認判決」――を編み出した（畑尻［最高裁判所］344 頁以下）。

3 「国家と社会の法的基本秩序としての憲法」とその展開

⑴　固有（広義）の「社会（の）裁判所」としての憲法裁判所

1）　ヘーベルレによれば、憲法とは、国家と社会の法的基本秩序であり、国家と社会集団そして集団と市民の関係等の多元的な社会の基本構造を包括するものである。したがって、憲法裁判所が「憲法」の裁判所である以上、憲法裁判所は国家の裁判所であると同時に、「固有（広義）の社会（の）裁判所」でもある。憲法裁判所は、国家と社会の分離、国家の裁判所と社会の裁判所の分離の彼岸にある〈59、60、62、64、69、137、184、272、290〉。

2）「憲法裁判所は国家と社会を包摂したレス・プブリカ（res publica)、多元的公共性（圏）の裁判所である」という主張は、憲法裁判所の制度とその運用においてさまざまな形で展開される。すなわち、連邦憲法裁判所はレス・プブリカ（res publica）との強い関連性において考えられなければならない。具体的には、連邦憲法裁判所はさまざまな形での意見聴取や参加を通じて多元的集団・組織から情報を手に入れる。これによって連邦憲法裁判所は社会の領域に深く踏み込み、そこから理念や利害を取り入れ、耳を傾け、そしてその開かれた憲法解釈の方法において社会を形成する〈28、59、61、136〉。憲法訴訟法は「憲法解釈者の開かれた社会」に対して開かれており、その媒体となる。連邦憲法裁判所はその基本権の第三者効力あるいは客観化についての判決によって次第に社会を制御し、このようなやり方によって社会を構成して、社会を一つの「憲法化された社会」にする。まさにこのような社会との関連性ゆえに、その手続法において社会をそのフォーラムに参加させることが求められる〈136〉。

⑵　社会契約としての憲法を具体化する憲法裁判

ヘーベルレの「開かれた公共的プロセスとしての憲法」からすれば、憲法は空間的に開かれていると同時に時間に対しても開かれたものである。そして、「開かれた憲法」が「社会契約としての憲法」であるならば、社会契約というモデルは、空間軸（共時的）にも時間軸（通時的）にも拡大される。そして憲法裁判所は、社会契約としての憲法を保障し、発展させることに特別の「全体責任」を負っている〈51、58、62、173、184、246、247、266、271、272、291〉。

共時的にみれば、社会契約ないしは「憲法契約」〈63-、67-〉に参加する者の範囲は、開かれた社会を包摂するものでなければならない。すなわち、マージナル・グループ、障碍者、組織化できないかそれが困難な集団（たとえば高齢者）は、宗教的少数者と同様に視野に加えられなければならない〈67〉。

また、社会契約を通時的にみれば、「世代間契約」として考えることができる。つまり、社会契約のいう「国民」というのは当初から現在と過去を統合する「世代の総体」として把握されている。それゆえ、憲法は今日生きている世代に対してだけではなく、将来の世代に対する要求も規定しまたは実施するものなのである。このように、「社会契約としての憲法」は、時間という観点を加えた「世代間契約としての憲法」によって、憲法の問題意識を人的・空間的だけではなく、歴史的・時間的にも拡大するのである（これについて詳細はⅤを参照）。

そして、これによって憲法裁判所にも、少数者保護という共時的要請だけではなく、将来世代に対する責任を自覚した通時的な判断が求められるのである。つまり、憲法裁判もまた憲法の社会契約を前進させる継続的なプロセスの中に位置づけられるがゆえに、憲法裁判所は、立法者と並んで機能法的にみて、憲法上の社会契約、特に「世代間契約としての憲法」を考慮する責任を負っているのである〈52、58、65、66、184、247〉（これについては、Ⅴ参照）。

4　連邦憲法裁判所の「全体配慮責任」とその帰結

(1)「全体配慮責任」

憲法裁判所は、憲法解釈を独占するわけではなく、他の国家機関特に立法府、政府および一般の裁判所も、憲法解釈を行い、さらに憲法生活に参加するすべての者が憲法解釈者である（「広義の憲法解釈（者）」）。しかし憲法の継続的形成は、拡大された憲法裁判権を有する社会においては、主として憲法裁判官とその解釈方法を通じて行われる。そして、連邦憲法裁判所も、他の国家機能と同様に、その指導的地位に基づいて特別の「全体配慮責任」を負うことになる。連邦憲法裁判所を念頭において作られた「憲法機関」という概念も、基本法（憲法）に対して憲法裁判官のもつ「全体配慮責任」を表現している（「憲法裁判所の全体配慮責任」）〈16、18、26、28〉。

(2)　現実を考慮に入れ結果に配慮した憲法解釈

そして、この「全体配慮責任」は、憲法解釈方法論としては、「現実を考慮に入れ結果に配慮した憲法解釈」を要請することになる。同時にこのような憲法解釈は、法律の当初無効、将来無効、たんなる違憲宣言、違憲警告判決、合憲解釈など「現実を考慮に入れ結果に配慮した」さまざまな判決形式と判決の執行方法という道具を駆使して憲法違反に対処することが求められる〈19、20、218〉。また、さらに、「現実を考慮に入れ結果に配慮した」憲法解釈にとって「事実」は非常に重要である。法律適用と並んで、あるいは法律適用にとって非常に重要なのは、憲法裁判官による事実の解明である。憲法裁判官の予測を含めた事実認定は、憲法解釈の重要な構成要素である。それゆえ、連邦憲法裁判所は立法者による事実認定および予測に拘束されてはならない（「事実審としての連邦憲法裁判所」）〈6、40、42、46、82〉。

(3)　「憲法機関」としての最高裁判所

以上の視点は、近時の最高裁判所の積極的な憲法判断にも同様なものがみられる。すなわち、「現実を考慮に入れ結果に配慮した」対応に関連して、在外国民選挙訴訟（最大判平成 17. 9. 14 民集 59 巻 7 号 2087 頁）、婚外子国籍法訴訟（最大判平成 20. 6. 4 民集 62 巻 6 号 1367 頁）、砂川空知太神社事件（最大判平成 22. 1. 20 民集 64 巻 1 号 1 頁）など一連の最高裁判決の傾向を、「違憲性を解消するための合理的かつ現実的な手段」の模索という視点からまとめて論じることができる。

また、たとえば、在外国民選挙訴訟、婚外子国籍法訴訟にみられる法令審査における「立法事実」の重視、そして、君が代訴訟（最一小判平成 24. 2. 9 民集 66 巻 2 号 183 頁）、堀越事件・宇治橋事件（最二小判平成 24. 12. 7 判時 2174 号 21 頁・32 頁）にみられる適用審査における「司法事実」の重視は、「事実審としての最高裁判所」という形で議論を展開することもできよう。

さらには、これら一連の最高裁判所の積極的な憲法判断の根拠を、「憲法機関としての最高裁判所」に求めることができよう（畑尻［最高裁判所］337 頁以下、352 頁以下、359 頁以下）。

5　連邦憲法裁判所の諸権限とその評価

(1)　手続の多様性と手本としての連邦憲法裁判所

連邦憲法裁判所を特徴づけるものの一つが、その手続の多様性である。その手続は、憲法異議を中心に、抽象的規範統制、具体的規範統制、機関争訟、連邦国家的争訟のほか、憲法保障手続（大統領訴追・裁判官弾劾・基本権喪失手続・政党禁止手続）および選挙訴訟など非常に広範かつ多様なものである。

ヘーベルレによれば、連邦憲法裁判所は最大限かつ最適の管轄権を有しており〈151〉、これら現行の権限のアンサンブルは幸運なめぐりあわせである〈158〉。これらの権限の多くが他の国々に「手本（モデル）」とされている（「手本としての連邦憲法裁判所」）〈141、298〉。そして、これら権限の背後にあるのが権限濫用の阻止、基本権および少数者の保護という指導理念、基本的コンセンサスへの参画、権力の均衡〔バランス〕、社会の多元主義ないし開放性の保障である〈270〉。

また、この多様な手続によって、これが対象とする憲法問題の多様性とともに、憲法裁判への参加者の多様性が確保される。憲法裁判所には、手続の直接の当事者として、市民はもとより、連邦議会、連邦参議会、その構成員、政党

(会派)、連邦政府、州議会、州政府、そして憲法裁判所以外の裁判所の裁判官などさまざまなアクターがキャスティングを変えて登場する。また、いわゆる訴訟当事者のほか、国家機関、私的・公的専門機関（専門家集団）などが意見表明を行い、さらには、人的交流や判例の引用などを通して、ヨーロッパ人権裁判所、EU 司法裁判所との「対話」が行われ、全体として「フォーラムとしての憲法裁判（所）」が形成されている（畑尻「運用」)。

(2) 憲法異議

非常に深く市民の意識に根ざし〈179〉、一連の連邦憲法裁判所の権限の中の「至宝（Juwel)」〈290〉、「真珠（perle)」〈165〉とされているのが憲法異議[2)]である。これによって連邦憲法裁判所は「最上の市民（の）裁判所（Bürgergericht per excellence)」として、また、「固有の社会（の）裁判所」として憲法の基本的コンセンサスに貢献し、市民の意識における連邦憲法裁判所の高い受容性を支えている〈290〉（永田 68 頁）[3)]。さらには、ヘーベルレの多元主義的人権理解

---

2) 工藤達朗「憲法異議・総説」［憲法裁判］282 頁以下、武市周作「適法性」［憲法裁判］293 頁以下、小野寺邦広「憲法異議の受理手続」［憲法裁判］311 頁以下、川又伸彦「判決に対する憲法異議」［憲法裁判］342 頁以下参照。

3) 連邦憲法裁判所の諸手続のうち、憲法異議が国民の憲法裁判所への信頼を高めているという指摘は多く聞かれる。憲法異議は、受理・処理件数の多さ（受理件数、処理件数とも約 23 万件（約 97％）2018 年末現在）だけではなく、国民にとっての意義そして国民の意識においても、憲法裁判所制度の中核にある（畑尻「手続の概要」4 頁以下)。すなわち、連邦憲法裁判所の周知の成功は、憲法異議によってすべての基本権主体に憲法裁判所への出訴の途を開いたことによる。憲法異議によって憲法裁判所は市民の個々の願望と直接的に関わることになり、諸個人の権利の擁護者としての信望を得てきた。そして、前述の憲法異議の当事者適格の扱いにみられるように、「訴訟法上の広範な自由裁量によって、比較的早い訴訟段階においても事案を引き受け、判決を下すことができる。すなわち、市民によって直接的に呼び出されうる終審機関としてのみならず、事実上唯一の審級としても決定を下すことができるのである」（*Ch. Möllers,* Legalität, Legitimität und Legitimation des Bundesverfassungsgerichts, in : *M. Jestaedt/ O. Lepsius/ C. Möllers/ C. Schönberger,* Das entgrenzte Gericht : Eine

によれば、基本権には手続的参加権という側面があり、これをG.イェリネックの地位論にならって「手続的能動的地位（status activius processulis）」と表現するが、憲法異議はこの手続的能動的地位の中心にある〈69〉。このような憲法異議は法治国家的民主制としてのドイツ連邦共和国の自己理解の不可欠の構成要素である〈226〉。憲法異議における勝訴率の低さは決して手続の重要性を損なうものではなく、むしろそれだけに一層、国家教育的、市民民主主義的な効果は大きい〈53、179、198〉。したがって、モデル的性格が積極的に認められる〈166〉。

しかし、連邦憲法裁判所の過重負担解消策の一つとして提案されている裁量的受理手続[4)]について、ヘーベルレは一貫して批判的で〈256、290〉、アメリカ合衆国にはあまり接近させすぎてはならないとされる〈226〉。

(3) 規 範 統 制

具体的規範統制（畑尻「具体的規範統制」［憲法裁判］372頁以下、［手続の概要］5頁以下）においてヘーベルレが特に注目するのが、この手続を通して、憲法裁判所以外の裁判所――特に、第一審など下級裁判所――が憲法判例の形成に重要な役割を果たすことである〈53、152、161、180、187、188、194、196、217、222、270、298、302〉（畑尻［手続の概要］6頁）。

抽象的規範統制[5)]に関しては、その意義を十分に評価しながら〈9、51、53、180〉、他方では過重負担解消策の一つとしてその廃止の検討が要請されている〈290〉。また、政治的プロセスへの深い介入ゆえに若い民主主義国家にとって

---

kritische Bilanz nach sechzig Jahren Bundesverfassungsgericht, 2011, S. 298 f. クリストフ・メラース（松本和彦訳）「連邦憲法裁判所の合法性、正統性、正統化」マティアス・イェシュテット／オリヴァー・レプシウス／クリストフ・メラース／クリストフ・シェーンベルガー（鈴木秀美／高田篤／棟居快行／松本和彦監訳）『越境する司法―ドイツ連邦憲法裁判所の光と影』（風行社、2014年）260頁）。

4）　小野寺邦広「憲法異議の受理手続」［憲法裁判］311頁以下参照。

は構築されるべき憲法裁判所の権威を脅かす可能性があるので、その採用には慎重であるべきであるとする〈165〉。

6　開かれた憲法解釈と憲法の公共性（圏）のあらわれとしての少数意見制

(1)　憲法の多元主義のあらわれとしての少数意見制

法30条は、2項において、「裁判官は、評議において、判決又はその理由に関して〈他の裁判官と〉異なる意見を主張した場合、これを少数意見として記すことができる。少数意見は、判決書に付記しなければならない。各法廷は、その判決書において、評決の割合を示すことができる。」としている。このような制度を、少数意見制（Sondervotum）という。連邦憲法裁判所には当初この制度はなかったが、1970年の法改正によって、30条に新たに2項が付加され導入された[6)]。

ヘーベルレによれば、少数意見制は、今日の発展段階にある立憲国家における憲法裁判の最高のものである。なぜなら、少数意見は、憲法が公共的なプロセスであること、憲法が開かれていることそしてその解釈者が開かれていること、さらには、「憲法の多元主義」が、憲法裁判と憲法訴訟法において具体的にあらわれたものであるからである〈34、254〉。

ヘーベルレのように、憲法裁判もまた政治過程全体の部分手続として政治的機能を有すると考えれば、憲法裁判所においても社会的（多元的）諸利益が反映されなければならない〈32〉。その点で、少数意見制は、個々の憲法裁判官もまた政治的共同社会のスペクトルを表示するという要請を具体化する一つの形式なのである。

---

5)　森保憲「抽象的規範統制」［憲法裁判］399頁以下、畑尻「手続の概要」5頁。

6)　少数意見制度については、柴田憲司「ドイツ連邦憲法裁判所の少数意見制」大林啓吾・見平典編『最高裁の少数意見』（成文堂、2016年）225頁以下、畑尻「少数意見制」［憲法裁判］174頁以下参照。

⑵　少数意見制の機能

少数意見制は、憲法裁判所内部と公共性（圏）＝政治的共同社会の双方において重要な機能を果たす。

第一に、少数意見制が法廷における多数派形成、多数派と少数派の間の相互作用など合議体における意見形成プロセスに与える実際上の影響がある。少数意見は、法廷の内部の法的対話を促進しそして将来のために開かれたものにする。これによって法廷における多数派と少数派の間の、場合によっては裁判官相互の間の法的対話は、憲法裁判による憲法の継続的形成のための重要な要素となる〈255〉。

第二に、裁判所の内部以上に重要なのが、政治的共同社会全体における法的対話を促進するという、少数意見制の公共性（圏）において果たす役割である。憲法解釈の開放性と憲法の公共性（圏）は少数意見制に対する憲法理論上の正当化事由である〈32〉。少数意見は、レス・プブリカの全体状況や公共的プロセスの中に組み込まれ、そして裁判を批判に対して開かれたものとする限りにおいて、裁判の民主化の一部である。

第三に、少数意見は今日の少数意見が明日には多数意見となりうるような特別な「時間の窓」を作る〈255、286〉。すなわち、少数意見制は、「変遷と進歩のための道具」の一つである。つまり、少数意見の公表は将来の議論を喚起、ある理論がある少数意見によって拾い上げられて、公共的対話を通じて学界に広範な議論を喚起し、そしてこれが最終的には法廷の多数意見によって支持される。少数派の裁判官もまた多数派になる機会が与えられる。また、敗訴した当事者は、その目的や論拠がより高いレヴュルで取り上げられ、たとえ少数意見であるとはいえ、少なくとも連邦憲法裁判所の判例集の中に再度自らを見いだすことになる〈178、255、286〉。

⑶　最高裁判所における少数意見制

以上のような少数意見制の意義と機能からいえば、少数意見の活性化が、違憲審査制の活性化につながることは十分に考えられることであり、そのことは最高裁判所の違憲審査の活性化として指摘される判例の多くで、多数意見と少数意見の活発なやり取りが行われていることからも明確である（畑尻「最高裁判所」337頁以下）。その例として、婚外子国籍法違憲訴訟（最大判平成20. 6. 4）と夫婦同氏制違憲訴訟（最大判平成27. 12. 16民集69巻8号2486頁）をあげることができる。前者では、国籍法3条1項が憲法14条1項の法の下の平等に違反するか否かについては、12対3であったものの、国籍法3条1項の構造については、過剰な準正要件を課している（立法の作為）とみなすものが9裁判官に対して婚外子に関しては国籍取得要件を定めていない（立法の不作為）とみなすのが6裁判官、さらには違憲論もその救済方法をめぐって、一部違憲無効判決が10裁判官、違憲確認判決が2裁判官、そして合憲補充解釈が1裁判官と分かれた。また後者では、民法750条が憲法13条、14条1項そして24条に違反しないとする合憲論が10裁判官によって主張されたのに対して5裁判官は違憲論を展開し、最高裁判所の3人の女性裁判官はいずれも違憲論に与した。

7　憲法裁判官の多元的かつ開かれた選出過程

(1)　連邦憲法裁判所裁判官の選出

連邦憲法裁判所の二つの法廷の16名の裁判官（12年の任期・定年は68歳）は、半数ずつ、連邦議会および連邦参議会によって選ばれる（基本法94条1項2段、法4条・5条1項）。裁判官の選出にはいずれの場合も、3分の2の多数が必要である（6条5項・7条）。3分の2の多数という要件によって、議会少数派が少なくとも3分の1を有する限り、議会多数派と少数派との間には対等関係が成立し、多数派が少数派と妥協せざるをえないことになる。これによって、議会多数派の政治的意思のみが直接、連邦憲法裁判所に反映されることを防止することが期待された[7)]。

裁判官の選出手続を含む「広義の憲法訴訟法が実体憲法の具体化である」と

主張するヘーベルレによれば、このような選出手続も実体憲法的に根拠づけられる。すなわち、憲法裁判官の選出には多元性と公開性が求められることになる。

(2) 多元的な選出

憲法の多元主義のあらわれである少数者保護は、広義の憲法訴訟法においては連邦議会と連邦参議会による憲法裁判官の選出の際に3分の2の特別多数を要するという形で具体化され〈24、60、177〉、逆にいえば、憲法裁判官選出のための3分の2の特別多数は、反対派を保護し、そして多数者と少数者の妥協を必要とするという観点からみると、実体憲法である〈7、14、25、27、30、60〉。

憲法裁判官の選出をめぐる基本的視点として、本来政党色のない裁判官を選出することによる非党派性か、あるいは、さまざまな政党色を通しての超党派性かという問題がある。ヘーベルレのように、「憲法裁判もまた政治過程全体の部分手続として政治的機能を有する」と考えれば、裁判官の選出によって達成されるべきは憲法裁判所における社会的(多元的)代表の確保である。政党

---

7) 連邦憲法裁判所裁判官の選出に関して、川又伸彦「連邦憲法裁判所の裁判官」[憲法裁判] 106頁以下参照。なお、法改正前は、連邦参議会では直接選出されたのに対して、連邦議会では、比例代表選挙の原則に基づいて連邦議会で選ばれた12名からなる選出委員会によって選出される制度(間接選出方法)を採用していた(旧法6条)。この連邦議会の選出委員会による秘密裏の選任が、透明性・公開性を欠き民主的正統性の観点からも問題であるとの指摘は多くなされていたBVerfGE 131, 230 [Ⅳ 82:岡田俊幸](根森554頁以下)。2015年6月24日に法6条を改正する第9次連邦憲法裁判所法改正法(BGBl I S 973)が公布され、連邦議会における裁判官の選出手続は、直接選出の方式に改められた。しかし、選出手続は、直接選出制にあらためられたとはいえ、実質的には、透明性、公開性が十分に確保されているとはいえない状況にあることには変わりない。したがって、ヘーベルレの議論は改正前のものであるが、たとえば、国民に対する情報提供という意味での「公聴会の導入の是非」をめぐる議論については、改正後の状況についても妥当する。

国家においては、憲法裁判所の裁判官の任用に政党を関与させることなしには、連邦憲法裁判所のいかなる「民主的正統性」も存在しない〈20、149〉。それゆえ、政党への所属が法18条2項による除斥事由でないことも、その当然の帰結なのである。したがって、裁判官の独立とは政治過程または政党に関与しないことではなく、政治過程または政党から自由であるということなのである〈31〉。

しかし、他方では、連邦憲法裁判所が政治を継続する機関でも全国民の政治的動向を代表する機関でもなく裁判所である以上、党派的に均衡のとれた人事によって連邦憲法裁判所を議会の鏡像とすることは妥当ではなく、あくまで個々の裁判官が非党派的でなければならないという見解も有力である[8)]。

実際に連邦憲法裁判所の裁判官の選出システムは政治的に中立的立場にある裁判官を個々に選出するという方向にではなく、与野党対等な裁判官ポストの配分によって憲法裁判所内部における政党政治的意味での均衡を確保し、これによって裁判所全体としての中立化をはかるという方向で運用されている。つまり、裁判官の席は多くが二つの大政党に配分され、選出手続は、裁判官の退職にあたりその席を補充する形で進められる[9)]。この点で、政党の影響があまりにも強く、多元性という観点から問題がある〈177、253、292〉。したがって、連邦憲法裁判所の裁判官選出手続とその実際の運用は手本とはならないとされる〈160〉。

(3)　開かれた選出過程

ヘーベルレにとって裁判官の選出過程において問題なのは、その不透明性である。裁判官が議会によって選出されるといっても、実際には、慣行上正式の選出手続に先立って選出対象者が決定される仕組みとなっており、連邦議会と

---

8)　川又前掲注7）109頁。

9)　三宅雄彦「連邦憲法裁判所をめぐる法と人事—ドイツの場合」法律時報86巻8号（2014）25頁以下、*K. Schlaich/ S. Korioth,* Das Bundesverfassungsgericht, 9 Aufl. 2012, Rn. 45.

連邦参議会は、いわばその決定を受けてそのまま選出するだけの一種のセレモニーの場と化している。このように、国民の目の届かない密室で裁判官が実質的に決められてしまうということに対しては批判が多い。すなわち、裁判官の選出が個々の裁判官の人物、思想傾向、個性によって決まるのではなく、政党政治のさまざまな駆け引きの中で決定されることによって、国民の意識とは乖離した裁判官を生んでしまうという批判が生まれている。

そこで、このような不透明な密室における裁判官の選出にかわって公の聴聞の手続を行うべきであるという提案もなされ、ヘーベルレもこれに対して積極的である（根森550頁以下、561頁以下）。特に、ドイツの市民は憲法裁判官の適性を議論する能力がいまだ十分ではないとする消極論に対しては、多元的民主主義においては市民を「未成熟」と判断してはならないと強く反対する〈254、279、281〉。しかし、最近では、「ブランデンブルク州憲法の大胆な試み」（「州議会によって設置された委員会における選出前の聴聞」（22条4項））に注目しながらも〈189、269〉、アメリカ合衆国の議会における聴聞の具体例を引いて慎重である。

(4) 最高裁判所裁判官の選出過程

ヘーベルレが指摘する選出過程の不透明性は、最高裁判所裁判官の任命においても共通のものである。現行法上、長官を含めたすべての最高裁判所裁判官の実質的任命権は内閣に属し、この行使については、他の機関による制約はない。これについては、党派的人事の危険性の他、選出が秘密裡に非公開で行われる結果、その選出過程および選出理由は主権者である国民にとってまったくといってよいほど不明であるという問題点があり、司法制度改革審議会意見書（「21世紀の日本を支える司法制度」平成13年6月）においても、「その選任過程について透明性・客観性を確保するための適切な措置を検討すべきである」と指摘されている。

これに基づき、① 裁判官任命諮問委員会（最高裁判所の最初の裁判官を任命した際に設置されたような、衆参両議院議長、実務法曹、学識経験者からなる委員会が内閣に候補者を諮問する制度)、② 国会の同意(内閣による最高裁判所裁判官の指名・任命にあたり、国会の同意を必要とする制度)、③ 国会における公聴会の実施(内閣が最高裁判所裁判官を任命する前に、行政権に対する議院の国政調査権行使の一環として国会の一院において公開の公聴会を行う)など、さまざまな制度改革が提唱されている。

8 憲法裁判の世界共同体

(1) 立憲国家の世界共同体

1) 以上のように、ヘーベルレは、従来から憲法原理(論)と憲法解釈(方法論)との相互作用という観点から憲法裁判論を具体的に展開しているが、近年はそこに、「憲法裁判の世界共同体」という観点が加わった。そして、その基礎には、憲法原理(論)、憲法解釈(方法論)、憲法裁判(論)の三和音によって形成される「立憲国家という類型」が世界規模で創出され受容されているという主張がある。1776年から1789年までのいくつもの人権宣言から1966年の国際人権規約に至る、人間の尊厳と多元的民主主義を核とする西欧型の「立憲国家の開かれた社会」は、さまざまな形の創出と受容の相互プロセスを通じて一つのファミリーへと共同して成長し続けているのである〈173、242、244、267〉。

すなわち、立憲国家の発展は、今日ではヨーロッパ、そして世界を視野に入れた場合にのみ理解されうる。以前から、われわれは立憲国家の問題で多くの空間ないしは大陸を越えた創出と受容過程を観察することができたが、とりわけ1989年以来、世界的な、東ヨーロッパおよびアジアの一部を含めた創出と受容の共同体が具体化した。憲法のテクスト、学問的なパラダイム、判例、そして憲法現実さえもが、グローバル化のプロセスに組み入れられ交換され、変形されている。立憲国家の「工場」は、部分的には新たな分裂によって相殺されているとはいえ、空間的にどんどんグローバル化してきている。そのため、それに伴って「製品」も幅広い視野を確保しなければならない。より深い意味においては、すべての立憲国家は「発展途上国」である[10)]。

ヘーベルレは、このような観点から、「つねに未完のプロジェクトとして、未来に向けた『生成途上の』人間の作品としての立憲国家」を検討することを提唱している。そしてここでの重要な観点は、このような立憲国家の世界共同体（立憲国家の世界的な創出と受容の共同体）の進展が、「進んだ国」から「遅れた国」へという形で直線的一方的に行われるのではないということである[11)]。

そして、憲法裁判が「立憲国家という類型」の輝きの一つをなしている〈298〉ならば、「立憲国家の世界共同体」は、「憲法裁判の世界共同体」を含むものであるといえる。したがって、立憲国家の世界規模の創出と受容のプロセスの第一の要素として憲法裁判があり〈157、158〉、そして、今日の世界的な憲法裁判の隆盛において、多様な形で受容され、発展し、また変化し日々新たに試されている。そして、そこでアメリカ合衆国の最高裁判所と並んで手本となっているのがドイツの連邦憲法裁判所である（「独立した憲法裁判の手本としての連邦憲法裁判所」〈144、298〉。

2） 樋口陽一は、わが国の違憲審査の活性化のための処方箋として、アングロサクソン世界に特有な法律層によって担われるアメリカ型でも法学教授や政

10） Verfassungsstaat（井上・畑尻編訳21頁以下（毛利訳））。

11） 毛利前掲訳（注18）23頁。たとえば、「ヘーベルレは、東欧の変動を西欧立憲主義の遅れた受容とみなすのではない。それはさまざまな速度で進行する立憲国家への発展の多様な非同時性の現われであり、その多様性が小国や発展途上国を含めた立憲主義の世界的な創造と受容の過程を形成するものとして意義づけられる。すなわち、東欧の変動は、西欧の政治文化を模範として受容しつつ、そこにnationalなもの、あるいは、regionalなものとしての固有の文化的アイデンティティーを付け加え、立憲国家の類型を創造的に発展させ、その創造性が将来的に西欧に受容されるべき資質を有するものとみなされるのである」（西浦④122頁以下。また、本書Ⅲ）。なお、樋口陽一のヘーベルレ引用の文脈では、ヘーベルレは単純に西欧民主主義の普遍性を語っているようであるが（Ⅱ-1, 3(5)憲法共同体）、このように、彼自身は、西欧民主主義の普遍性に対しては懐疑的であり、東欧革命に伴うさまざまな主義・価値の相互交換、あるいは西欧民主主義・人権主義自体の新たな受容・発展過程を強調している。

治家経験者によって担われる大陸型でもない、職業裁判官による違憲審査制度を第三の類型として作り上げる可能性を模索するべきであると主張する。すなわち、事実認定と法解釈に熟達し職業倫理に支えられた裁判官たちが具体的な事件の中で憲法をどのように解釈適用するのかが妥当であるかを模索することによって、憲法の意味が明らかにされるという、司法裁判所型違憲制度の積極面が展開されるべきである、と（樋口陽一・山内敏弘・辻村みよ子・蟻川恒正『新板　憲法判例を読みなおす—下級審判決からのアプローチ』（日本評論社、2011年）8頁以下、畑尻［再論］502頁以下）。樋口の提案は、わが国の違憲審査制の制度とその運用を、「憲法裁判の創出・受容・変化の世界共同体」において検討しようとするものである。

(2)　第五の解釈方法（論）としての憲法テクストの「法比較分析」

時間的・空間的に開かれた憲法解釈はさらに、憲法解釈のための方法論としては、文理解釈、歴史的解釈、体系的解釈、目的論的解釈という従来の四つの方法に加えて「第五の方法としての憲法テクストの法比較分析」を要求する〈145、150、162、163、175、238、248、268、286〉。

草案を含めて憲法テクストの中には時代の諸理念が凝縮している。そして、近時の憲法制定者は、外国の憲法判例、学説、具体的な憲法運用など立憲国家の憲法現実をも条文化し、概念化している。したがって、憲法テクストの法比較分析は立憲国家における創出・受容の過程が今日全世界に及んでいることを明らかにする。そして、この法比較の対象である憲法テクストは、「狭義の憲法テクスト」（憲法条文・判例）に限定されることなく、偉大な思想家の古典テクスト、詩人の言葉などを含んだ「広義の憲法テクスト」に拡大される〈245〉（なお、莵原433頁以下、463頁以下）。

9　政治文化としての憲法裁判

1)　憲法裁判の創出・受容・変化という一連のプロセスにおいて重要な役割

を果たすのが、その国の「政治文化」である。「政治文化」とは、経験的であるとともに規範的概念であり、諸制度に関する市民の主観的なイメージ、経験および希望を包括するものである。その意味では、「政治文化は国民の『内なる憲法』である」〈75〉。

ヘーベルレによれば、司法審査は、連邦主義と並んでアメリカ合衆国の「政治文化」であり、連邦憲法裁判所は、基本法の自由で民主的な基本秩序と同様に、ドイツの「政治文化」である〈51、76〉。

たとえば、少し以前であるが、2012年の世論調査でも75%が連邦憲法裁判所を「非常に信頼する・相当程度信頼する」と答えており、また、国家・社会の諸組織・制度のうち「非常に（強く）信頼する」と回答した割合の最も高いのが基本法（78%）であり、連邦憲法裁判所（75%）がこれに続いている[12)]。このような連邦憲法裁判所に対する国民の信頼の高さは基本法に対する信頼の高さに由来するものである。すなわち、憲法裁判所に対する国民の信頼と受容は、その判決に対する国民の信頼と受容に依拠し、判決に対する国民の信頼と受容は、判決で基準となる憲法に対する国民の信頼と受容に依拠するからである。憲法が現実の政治、経済、社会問題を判断する上で一つの基準として機能し、国家行為をつねに憲法を基準として判断するという行動様式が国民によっても国家機関によっても承認され、その「番人」である憲法裁判所に対する信頼も高い。これが、ドイツの政治文化の特徴の一つである[13)]。

12） Vgl. Das Bollwerk, Eine Dokumentation des Beitrags von Prof. Dr. Renate Köcher in der Frankfurter Allgemeinen Zeitung von 22. August 2012. また、畑尻「規範力」740頁以下。なお、このような世論調査に示される連邦憲法裁判所に対する高い国民の信頼に対しては、一般的には積極的な評価が多いが、消極的評価もある。たとえば、*Möllers* a.a.O., S. 297 f（松本和彦訳259頁）参照。

13） R. ヴァールは、このようなドイツの独自性を、「憲法を援用するドイツの日常」、「政治プロセスにおける憲法の高度の常在性」というタイトルで表現している（ライナー・ヴァール（石塚壮太郎訳）「憲法の規範性と実効性」ドイツ憲法判例研究会編『講座憲法の規範力　第1巻　規範力の観念と条件』（信山社、2013年）230頁以下参照）。

2) たしかに、憲法裁判所に対する信頼の高さがドイツの政治文化であるとしても、ヘーベルレの多元主義的憲法学においては、連邦憲法裁判所が他の国家機関、公共圏から突出したものであってはならない。

多元主義は、憲法裁判制度にあっては、その諸制度・手続に反映されるとともに、国家構造における憲法裁判所と他の国家機関との多元的な位置づけの重要性を示す。したがって、憲法の具体化においては民主的立法者とのバランスのとれた協働関係（機能法的役割分担）が重要である。「基本法の下での憲法裁判はまた、民主制に対する非政治的な不信と裁判への不釣合いなほど大きな信頼を示している。ドイツが示す憲法裁判への信仰〔信用〕は、民主制への不信仰へと転換してはならない。言い換えれば、今日の憲法裁判所に対する積極的な関係は絶対化されてはならない；それは、その裏返しとして利益多元主義、——必然的に——限定された衝突状況、開かれた民主的——政治的プロセスの固有の作用と消極的な関係となってはなら」ない。つまり、憲法裁判（官）に対する信頼の高さが、その裏返しとして、利益多元主義や開かれた民主主義的、政治的プロセスの固有の働きを消極的に評価することになってはならないし、これを無視するようなことになってはならない〈77〉[14)]。

また、連邦憲法裁判所に対する国民の信頼の高さを背景とする憲法学のあり方にも注意が必要である。憲法がテクストと学説と判例の三和音の中でも展開されるものであると考えるヘーベルレにとって、連邦憲法裁判所の圧倒的な影響の下における憲法学のあり方には問題がある。連邦憲法裁判所の特色の一つ

---

14) 連邦憲法裁判所への信頼の高さは政治への信頼の喪失が増大したことにも関係がある。すなわち、人々が政治への信頼を失えば失うだけ、人々の目は、一見すると非政治的で専ら専門的な論証にしたがって判決を下している連邦憲法裁判所に注がれることになる。憲法裁判所の裁判官は、先に述べたような教授裁判官としての特質、すなわち「法に基づく合理的な思考、国法学的思考」の体現者として、理性、公正さそして正しさの守護者として認められている—そしてこれによって、競争、意見の相違、争いそして（しばしば信頼できないものとみなされる）妥協が支配する政治的営為とははっきりとした対照をなしている（畑尻「固有性」16頁）。

が、連邦憲法裁判所と国法学の人的交流も含めた密接な関係である（畑尻［制度］403頁以下）。しかし、一部の学者は判決すべてを聖書のテクストのように受け止め、「ドイツ国法学が『カールスルーエ』」の『注釈学者』あるいは『後期注釈学派（Postglossator）』となっている」。憲法学の役割は憲法裁判の偉大な成果の注釈に尽きるもの（「憲法裁判所実証主義」）ではなく、判例にはないが裁判官が採用する余地のある理論的な提案を行い、新たなパラダイムを「発見」しなければならない。それによってはじめて、憲法裁判所は「さまざまな理論要素のプラグマティックな統合」において活動し、「多元主義の憲法」によって中道を追い求めることができるのである〈166〉。

このような主張は、「批判の憲法学」と「後期注釈学派」との間で揺れている最近のわが国における憲法学のあり方にも一定の示唆を与えるように思われる。

3） たしかに、憲法裁判は制度としては現代の立憲国家においては普遍的なものである。しかし、「モデル」ないしテクストを単純に受容することができないことも明らかである。その国の個々の政治文化はすべて、「個別」に生成したものであり、自律的なものとして尊重されなければならない。したがって、ある制度を受容することができるかどうかは、それぞれの政治文化に左右され、ここではあらゆる憲法テクストのコンテクスト依存性が明らかである〈156〉。憲法裁判という制度は、これを採用する国々の政治文化の違いによってさまざまな形相を帯びることになる。したがって、それぞれの国の政治文化を無視して、制度や理論を導入することはできない〈300〉。しかし、逆にいえば、その政治文化の自律性を前提とするということは、それぞれの憲法裁判制度の固有性・特殊性を強調するだけにおわってはならない。

わが国の憲法裁判の現状に対してはさまざまな議論がある。従来の制度を前提としてその運用の改善をはかるにせよ制度改革を主張するにせよ、憲法裁判に関するヘーベルレの主張はさまざまな示唆を与えてくれる。そしてその中でも、政治文化の自律性を前提としながら、自国の憲法裁判制度とその運用を「憲法裁判の世界共同体」の中にどのように位置づけるのかという問題意識が重要である。わが国の憲法裁判制度を憲法裁判の世界共同体の中に位置づけるということは、遅れた日本が進んだ国の制度を一方的に導入することでも、わが国の固有性・特殊性を強調して漫然と現状を放置し追認することでもない。今最も求められているのは、憲法裁判の創出・受容・変化の世界共同体の一員として、すなわち、憲法裁判の類型を創造的に発展させ、その創造性が将来的に世界に受容されるべき資質を有するものとするために何が必要であるかを考えることである。そのためには、わが国の憲法裁判とその理論をそれ自体独立したものとしてではなく、憲法原理（論）および憲法解釈（方法論）との強い内的関連性の中で再検討することが必要であろう。

V　憲法問題としての「将来世代に対する責任」

目　　次

1 問題の所在

現在さまざまな場面において、「将来世代に対する責任」が主張されている。たとえば、環境倫理学においてはその基本的な主張の一つとして強調され、環境法制でも基本理念の一つになっている。また、財政赤字や国債残高の累積という問題では、負担を後代に残し世代間の負担の公正を阻害することになるという「世代間の不公平」が、年金問題では若い世代の過重負担が指摘されている。このように、「将来世代に対する責任」は、意識されるとされないとにかかわらず、現代の諸問題を考察する上での共通の基本的な視点となっている[1)]。この「将来世代に対する責任」という視点は、その政治的、倫理的意味はともかく法的な意味、特に憲法上の意味については十分にその解明が行われているとはいえない。従来、憲法学、特に憲法解釈論においては同時代的、つまり共時的な考察が中心であり、通時的な視点が強調されるのは主に、憲法の

1) 本稿が最初に掲載されたドイツ憲法判例研究会編（栗城壽夫、戸波江二、青柳幸一編集代表）『未来志向の憲法論』（信山社、2001年）には、小林武「将来世代の権利としての環境権」をはじめとして環境問題に関する論稿が14本、科学技術の問題に関する論稿が7本が集められている。その「はしがき」で栗城壽夫は、「科学技術・環境」というテーマは、「現在・将来において憲法学が全力をあげて取組むべき最重要課題であり、この課題と如何に取組むかに憲法論の真価があらわれることになると言えよう」と述べ、この論文集で検討されている課題の一つとして、「憲法論は現代の世代だけではなく、将来の世代をも視野に入れるべきではないか」という問題をあげている（同書vi頁参照）。また、ドイツの状況について次のような指摘がある。「この30年間には、いま生きている世代とこれから生まれてくる世代の関係も思いがけなくも政治の中心問題になってきた。それは左派にとっては環境問題であり、右派にとっては財政赤字である。また近年は、バイオテクノロジーの成果とその将来の世代に対する影響が注目されている。ここでは、後の世代に対する義務づけをすべきか否かも盛んに議論されている。」（ペリー・シックス「新世紀は新たな社会契約を必要とするか」ドイッチュラント1999年6号「特集・ビジョン――21世紀への展望」18頁以下）。

歴史的意味、つまり過去との関係であった。その典型的な表現が、「過去の成果の継承」と「過去の反省」である。また、新しい時代の憲法学という表現も、その内実は、新しい時代における憲法学のあり方を共時的にさぐるものという意味合いであって、憲法学・憲法解釈論に通時的な視点を導入するもの、特に、時間軸の中でつねに「将来・未来」を自覚的に憲法学の考察の対象とするものは多くはなかった[2)]。

しかし、上に述べた現代の諸問題についても憲法解釈論は無関心であってはならないのであって、これについて憲法から何らかの指針や方向性を見いだすことが必要である。言い換えれば、憲法解釈論自体が、共時的な視点だけではなく、将来世代を視野に入れた適時的な視点をも併せ持たなければならないのである。そしてそのためには、「将来世代に対する責任」を憲法解釈上どのよ

---

2) その中で小林直樹は、憲法政策における時間という形で、次のように述べる。「法理念の対立や調整は、あたかも無時間の抽象的空間で行われるかのように論じられたが、現実にはそれは特定の時と処の中でなされる、人間的作業である。すべての法政策は、一定の歴史的時処で行われる限り、過去からのさまざまな条件によって制約されることは免れない。……ここではもう1つ、未来から現実への〝要請〟、いいかえれば現在に生きるものが将来の人々のために為すべきこと、について考察しておく必要があろう。ふつう政策は、第一次的には現存する人間の福祉や便宜、共存体系などのために立案・実施されるから、その時間的な有効射程は比較的に短い。しかし、技術の進歩に伴う種々の巨大計画が、われわれの住む小惑星の全体にまで影響を及ぼしだしている今日、政策の射程はもっと遠くまで延長される必要があると思われる」(小林直樹『憲法政策論』(日本評論社、1991年) 33頁以下)。最近でも「将来・未来」は自覚的に憲法学の対象として取り上げられている。たとえば、第76回日本公法学会総会 (2011年10月) では、「国家の役割の変容と公法学」、「国家の役割と時間軸」を統一テーマに、環境、教育、財政、社会保障などさまざまな問題について精緻な議論が展開されている。その憲法学からの総論的なものとして、青柳幸一「国家の課題と時間軸—憲法と未来」公法研究74号 (2012) 43頁以下参照。また、吉良貴之「憲法の正統性の時間論的分節化」憲法理論研究会『憲法と時代〈憲法理論叢書22〉』(啓文堂、2014年) 175頁以下。より一般的に、時間軸から憲法問題を考えるものとして、長谷部恭男編『岩波講座憲法6　憲法と時間』(岩波書店、2007年) 参照。

うに位置づけることができるかを検討することが必要となる。

すでに、ⅡとⅢでも言及したように、P.ヘーベルレは、「世代間契約としての憲法」という視点を提唱し、その一環として「将来世代に対する責任」を憲法上の義務であるとしている。そこで本章では、「将来世代に対する責任」を日本国憲法上どのように位置づけることができるかを具体的に検討する前提として、ヘーベルレがどのような論拠から「将来世代に対する責任」を導き、これを基軸にどのような問題分析を行っているのかを概観する。

2　世代間契約としての憲法

(1)　社会契約としての憲法

P.ヘーベルレは、「世代間契約としての憲法」という視点を提唱するが、その基礎には、「社会契約としての憲法」というテーゼがある（栗城③23頁以下）。

古典的な全ヨーロッパ的財産である社会契約というモデルは、歴史のさまざまな場面でそしてさまざまな文脈の中で用いられてきた[3)]。

3)　また、栗城壽夫によれば、近代立憲主義の思想的基盤たる「社会契約論は、すべての人の権利の保障のための・すべての人の意思に基づく・統治権力の設定を一回限りの歴史的出来事として説明し、いわば、すべての人の権利の保障のための・すべての人の意思に基づく・統治権力の設定と言う理念を統治権力の設定＝国家の成立の時点で凍結してしまうところから出発したが、次第に、社会契約の内在的論理にしたがって、すべての人の権利の保障のための・すべての人の意思に基づく・統治権力の設定と言う理念が現実の国家のなかで不断に実現されている事を要求するようになり、更に、この理念の不断の実現を確実なものとするために、この理念の具体的な制度化を要求するようになった。こうした要求を行ったのが立憲主義の運動であり、要求の結実したものがこの立憲主義の体制であり、立憲主義体制の中核をなすものが憲法である。即ち、社会契約の理念の具体的制度化の試みの所産が憲法なのである。」（栗城⑦11頁）。しかし歴史的にみると、「社会契約の理念が立憲主義として具体的に制度化されて行く歴史的過程と、主権国家が確立され、かつ、国際社会が主権国家の並存のシステムとして構成されて行く歴史的過程とが重なり合ったため、立憲主義は個別国家の立憲主義として展開されて来た」（栗城⑦18頁以下）。

たしかに、このモデルは、公共的プロセスとしての憲法の現実全体にあてはまるような雛形ではないが、多くの政治上のないしは憲法上の原則問題を、一面的な「固定的イデオロギー」から離れて、適切に処理するための助けとなる〈63〉。

この社会契約というモデルを憲法にあてはめれば、憲法は、「万人のつねに新たな自己契約であり自己責任」ということになる。カント以来、社会契約は一つのフィクションとして国家の（再）構築にとって一つの重要な思想であった。憲法理論は今日、その対象である立憲国家を、あたかもそれが「全体による日々のプレビシット」の意味におけるつねに更新される契約に基づいて成立しているかのように考えそして組み立てなければならない。このような契約論的アフローチは近年J.ロールズの正義論とこれと結びついた諸構想によって補強されている。契約論的アプローチは、立憲国家の文化人類学的前提としての人間の尊厳のあらわれである。そしてその組織的な帰結が、自由と平等の国家形態としての民主主義である（Vgl. Altern, S. 774 f.）[4)]。

このように社会契約論の国家的限定が、社会契約に基づく立憲主義の発生・展開過程における一つの所産であり、社会契約論の本来の理念である「すべての人の人権保障」が、これによって失われたわけではなく、その理念の具体化に向けてつねに努力することが求められているのである。同じことは、「すべての人の人権保障」における「すべての人」についても妥当するのではないか。すなわち、従来、社会契約論における「すべての人」とは、立憲主義国家それぞれの生きている国民が想定されていたが、それもまた、立憲主義の発生・展開過程の一つの所産であり、社会契約論の本来の趣旨からすれば、将来世代を含めた形で「すべての人」を想定することも可能ではないか。

4）　ヘーベルレは、社会契約、世代間契約を説く際に、よくJ.ロールズ（John Rawls）を引き合いに出す（たとえば、Kulturwissenschaft, S. 597.）。ロールズの理論については、川本隆史『ロールズ—正義の原理』（講談社、1997年）78頁以下、田中成明『現代法理学』（有斐閣、2011年）385頁以下、また、世代間正義について、藤川吉美『ロールズ哲学の全体像—公正な社会の新しい理念』（成文堂、1995年）110頁以下、塩野谷祐一『価値理念の構造—効用対権利』（東洋経済新報社、1984年）233頁以下参照。また、ロールズの正義論は、わが国の憲法学にもさまざまな影響を与えている。代表的な例として、阪本昌成『憲法理論Ⅰ［補訂第3版］』（成文堂、2000年）26頁、79頁以下、『憲法理論Ⅱ』（成文堂、1993年）44頁以下、166頁。また、青柳幸一「人間の尊厳と個人の尊重」ドイツ憲法判例研究会編・前掲注1）373頁以下参照（同『人権・社会・国家』（尚学社、2002年）61頁以下に再録）。

この「社会契約としての憲法」という視点をヘーベルレはさまざまな場面で強調しているが（たとえば、Prinzip, S. 432)、いわゆる東欧革命における円卓会議は、まさにこの「社会契約としての憲法」の具体化にほかならないと評価する（毛利①29頁以下)。

> 「円卓」会議の成功は偶然ではない。それは、憲法理論によって根拠づけられ、文化科学上位置づけられる。「円卓」会議は、その交渉・取り決めについて多元主義的憲法によって特徴づけられる平等な契約と自己責任を視覚的・絵画的に移し換えたものである。この憲法制定が疲弊した専制体制の瓦礫の上での再出発であることが「円卓」会議という形で最も具体的に示されている。「円卓」会議は「原初状態」を象徴するものである。すでに複数の契約が非常に一般的な形で会議で締結され、特に憲法契約が円卓会議で議論され決定された。憲法は契約に基づいている、憲法は「つねに新たな契約」であるという従来の理念は現在行われている。「円卓」会議によって確認されていることが実感される（Vgl. Ethik, S. 567.)。「円卓」会議とは、東ヨーロッパにおける多元主義的憲法制定の際に、そしてその「民主主義的な出発において」あらわれた、立憲国家へのダイナミックな途上での相互につねに新たな「自己契約および自己責任」の示唆的な象徴および理想的現実であるが、「既存」の立憲国家においては、基本的コンセンサスあるいは基礎コンセンサスというものがこれにあたる。基本的コンセンサスの前提ないしは基礎にある契約思想はその際、「自然状態」の意味における「現実のもの」と考えることはできない。契約思想は以前と同様に今日でも一つのフィクションであるが、正当化事由としてまさに立憲国家において不可欠のものである。契約とコンセンサスは「文化状態」において存在し、そしてつねに新たに獲得されるのである。「自然状態」は一つの有用な思考イメージである。憲法の文言は、人間は生まれながらに自由であるという。しかし人間は文化によってはじめて自由に到達する、すなわち人間は自由になるのである（Vgl. Ethik, S. 572 f.)。

(2)　「社会契約としての憲法」から「世代間契約としての憲法」へ

ヘーベルレのテーゼ「開かれた公共的プロセスとしての憲法」からすれば、憲法は空間的に開かれていると同時に時間に対しても開かれたものである。そして、「開かれた憲法」が「社会契約としての憲法」であるならば、社会契約というモデルは、空間軸（共時的）にも時間軸（通時的）にも拡大される。

共時的にみれば、社会契約ないしは憲法契約に参加する者の範囲は、開かれた社会を包摂するものでなければならず、閉じられた社会を形作ってはならない。マージナル・グループ、障碍者、組織化できないかそれが困難な集団（たとえば高齢者）は、宗教的少数者と同様に視野に加えられなければならない。その門戸はできるだけ開かれているべきである〈67〉。

そして、通時的にみれば、古典的には「社会契約」として議論されていたことが、今日、時間の平面に拡張され、世代間契約として継続して考えることができる（Vgl. Probleme, S. 826f.; Altem, S. 774f.）。

つまり、世代間契約は「時の経過」における社会契約であり、動態的な社会契約である。いずれにせよ世代間契約は、国民の過去、現在および将来すべてをその中に含み、そして時間という要素が憲法理論の基本問題を本質的に規定することを明らかにする」（Kulturwissenschaft, S. 597）[5)]。

たとえば、ヘーベルレは、スイス憲法草案についての検討において次のように述べる。

起草者の関心事がどこにあるかは、「われわれの子供たち、クリスチャン、ローレンツ、シモンとステファンに献げる」という子供たちへの草案の献辞の中で示されている。それは、問題についての考えを告白したものであるし、またそれは、のちの世代のための、将来もなお生きる価値のある環境を残そうという観点から、今日生きている憲法を制定する世代の自己責務を代弁したものである。のちに生きる世代に対する、またその世代のための、今日生きている世代の責任という次元は、「次の世代のためにも健康で生きるに値する環境を保全する責任を自覚し」という前文において明確に形が与えられている。このことによって、立憲国家的憲法は、文言上これまでになお十分には発展していなかった新しい地平をかちとったことになる。つまり、契約としての憲法が、時の次元では、「世代間契約」なのである（Vgl. Verfassungsentwurf 小林武訳 71 頁以下）[6)]。

5）ヘーベルレのいう「世代」は必ずしも厳密な概念ではなく、使われる文脈によって時間的な幅はさまざまである。したがって、本稿でも、「世代」という言葉は、「若者と老齢者というように、現在生きている人々の間の新旧」と「現在生きている人々との対比によるこれから生まれる人々」という二つの意味で用いるが、この両者の間には連続性がある。

6）松井茂記は、その著『日本国憲法』（有斐閣、1999 年）の「はしがき」においこのように、「世代間契約としての憲法」という視点はそれ自体独立したものというより、「時に対して開かれた憲法」という彼のテーゼの具体化の一つということができよう。

> 国民の憲法文化の発展過程は時間のレールの上に置かれる。そのアーチは、憲法の部分改正および全部改正から法律改正や実験条項（Experimentierklauseln）をへて、裁判官による一般条項・不確定な法概念の形成的な具体化や、「時の経過」とともに多数意見となるという形で規範力を確保する憲法裁判官の少数意見に至るのである。このような時間のレールの上のプロセスに参加しているのは、現在に生きているごく限られた国民だけではない。むしろ「国民」というのは当初から——現在と過去を統合する「世代の総体」として把握されている。言い換えれば、それぞれの国の国民は、文化によって作り出されるが、それは世代というものに整序される大きな固まりであり、この固まりは立憲国家において作られ、「繰り返され」そしてこのよう形成過程をさまざまな方法と強度において日々新たなものとしているのである。それゆえ、憲法は通常今日生きている世代に対してだけではなく、将来の世代に対する要求も規定しまたは実施するのである（Vgl. Kulturwissenschaft, S. 613）。

3 「世代間契約としての憲法」とその帰結

(1) 「世代間契約としての憲法」から憲法上の義務としての「将来世代に対する責任」へ

そして、この「世代間契約としての憲法」という視点から、「今日の世代は将来の世代を配慮した自己拘束という限界に服さなければならない」（Kulturwissenschaft, S. 597）という憲法上の義務としての「将来世代に対する責任」が導かれる。

て、「おそらく次の世代には次の世代にふさわしい憲法学があろう。誰にも時の流れを止めることはできない。本書が、これまでの憲法学とは異なる視点から日本国憲法を描き出し、せめて次の世代への橋渡しとなれば幸いである」と述べ、「本書を未来の世代として日本国憲法に接するであろう彩奈と悠久に捧げる」としている。

社会契約のモデルが議論を喚起するのは、国債や原子力の問題によって若い世代に危険で過重な負担を負わせるということである。たんに経済によってその負担能力の限界が検証されてはならない。予想できない危険によって将来の世代に過重な負担を負わせてはならない。したがって、契約当事者はなにも現に生きている者に限らない、胎児もまた当事者である〈66〉。

国民はけっして、自己に継承され、委ねられた遺産に対する自由な処分権をもっているわけではない。国民は自然と文化の恩恵についての一種の「信託関係」にあるのである。国民は自然と文化の恩恵を将来世代に継承しなければならない。将来世代は今の世代と同様に政治的および文化的自由と民主主義を体験することができなければならない。国民は時間軸においてもまた多元的なものである。このことから憲法上の拘束と責任が生じる。

たとえば基本権についていえば、基本法2条2項（生命および健康の保護）が刑法218条（堕胎罪）をめぐる争いの枠内で胎児に対しても保障されているように、基本法2条2項のような基本権は、これから生まれる者に対しても保障される。また、基本法1条1項1文（「人間の尊厳は不可侵である」）から、われわれの隣人である将来の市民の生命および健康を尊重するという基本義務が生じる。このように、契約論的に基礎づけられた基本義務はたんに道徳的・倫理的性格にとどまるものではなく、それは、法的な義務となる。市民の自然的・文化的連帯は、たんに今日の問題だけではなく、連続する世代の問題なのである（Vgl. Kulturwissenschaft, S. 599 f.）。

このように、基本権保護においても、将来世代がその中に組み込まれなければならないのであって、将来生まれる者たちの利益が、彼らが同意すると考えられるやり方で考慮されなければならないのである[7)]。

ヘーベルレのこのような立論の重点は、将来世代に対する責任から国家によって自由を制限することを基礎づけることにあるのではなく、将来世代と現世代の調整を立法者、裁判所、広義の憲法解釈者の緊張と対話の中で行うことにあるといえる。すなわちここでも解決の場は、あくまで多様な人々に対する信頼を基礎とした「憲法解釈者の開かれた社会」に基づく「開かれた憲法解釈」

7） Görg Haverkate, Verfassungslehre – Verfassung als Gegenseitigkeitsordnung, München, 1992, S. 326.

ということになる。

(2)　明示的条文と内在的条文

ヘーベルレは、このような「世代間契約としての憲法」、「将来世代に対する責任」という視点が、どのような形で憲法その他の法文の中に具体化しているかを、いわゆる「テクストの法比較分析」という手法で明らかにしている。

1)　明示的な世代保護規定

ヘーベルレは、1994年改正の基本法20a条（「国は、来るべき世代に対する責任を果たすためにも、憲法的秩序の枠内において立法を通じて、また、法律及び法の基準にしたがって執行権及び裁判を通じて、自然的生存〔生命〕基盤及び動物を保護する。」）を明示的な世代保護の代表的な例として位置づけている（Vgl. Kulturwissenschaft, S. 602.）[8)]。

---

8)　なお、統一を前に、基本法に代わる新しい統一憲法の制定に向けて、さまざまな憲法改正案が発表された（Ⅲ 2(1)参照）。その中で、市民グループ・クラトーリウムの作業委員会の「ドイツ諸州連邦憲法草案」は、「世代間契約」という観点から興味深い規定を多く置いている。前文は次のように規定する。「ドイツの過去に対して負う責任と将来の世代への責任とを自覚し、とりわけドイツの暴力による支配の犠牲者に対して負う責任をも心に刻みながら、自由な民主制の経験をもとに、かつ民主的な革命により達成されたドイツの統一に助けられて、統合されたヨーロッパの平等な権利を有する一員として、また、1つの世界を構成する部分として、諸国民の平和と協働に奉仕するとともに、すべての生命の基礎をも維持しようとする意志に満たされて、弱者を保護することが万人の幸福と力の源となるような、民主制と連帯とにもとづく共同社会を新たにうちたてることを決意し、ドイツ諸州連邦の国民は、みずからの憲法制定権力にもとづいてこの憲法を制定した」。また、草案1条2項は、「ドイツ諸州連邦の国民は、それゆえ、不可侵にして譲り渡すことのできない人権、自然的生活基盤の維持および将来の世代に対する責任が、世界のすべての人間の共同生活、平和および正義の基礎であると信ずる。」という形で一般的な将来世代に対する責任を規定している。ちなみに、今回追加された、基本法20a条についても、「(1)自然は、それ自体のためだけではなく、現在および将来の世代の自然的な生

D. ムルスヴィークによれば、本条の主旨は、国が自然的生命基盤の保護を義務づけられることと並んで、国がこの義務を「将来の世代に対する責任においても」引き受けなければならないことにある。すなわち、「第20a条は、環境に対する特別の未来責任（Zukunftsverantwortung）を国家機関に課している。自然的生命基盤は、それが将来の世代にも維持されるように保護されるべきである。この未来責任は、とりわけ、必要な保護の方法と範囲を具体化する四つの法的帰結を含む。すなわち、有害物質による環境財の負荷の法的評価に関して、現実の効果に照準を合わせるだけではいけないのであり、むしろ数年にわたる有害物質負荷の堆積を考慮しなければならない。再生不可能な資源は、倹約的に扱わなければならない。再生可能な資源の利用は、持続性の原理を遵守しなければならない。そして、リスクの評価に際しては、我々が今日行った環境への介入の有害な効果は、場合によっては何年も経過してはじめて認識できるものであることを考慮しなければならない。長期的リスク――それは放射性廃棄物の最終貯蔵に関して発生するが、しかしまた、例えばいかなる廃棄物埋立処理の場合であっても発生するものである――が、その際にとくに考慮されなければならない」[9]。

旧東ドイツ諸州の新憲法はいずれも将来世代をみすえた環境保護規定を置いている。たとえば、ブランデンブルク州憲法（1992年）は、「現在及び将来の生活の基盤としての自然、環境及び景観の保護は州及びすべての人間の義務である」（39条1項）という形で、環境の保護義務を州と市民が果たすべき責任であるとしている。同様の規定は、ザクセン州憲法（1992年）10条、ザクセン＝アンハルト州憲法35

活基盤としても、国家の特別の保護のもとにおかれる。⑵連邦、州および市町村は、現時点および予想される将来における生態系の負担を記録し、かつ、生態系に関する重要な決定、企画、実態計画および措置のすべてについて情報を提供する義務を負う。」というように、より具体的な内容を提案していた（クラトーリウム編（小林孝輔監訳）『21世紀の憲法―ドイツ市民による改正議論』（三省堂、1996年）93頁以下）。

9) ディートリッヒ・ムルスヴィーク（岡田俊幸訳）「国家目標としての環境保護」ドイツ憲法判例研究会編（栗城壽夫、戸波江二、青柳幸一編集代表）『人間・科学技術・環境』（信山社、1999年）262頁以下。

条（1992年)、メークレンブルク州憲法（1993年）12条、チューリンゲン州憲法（1993年）31条にも置かれている（Vgl. Kulturwissen-schaft, S. 603)、（Ⅲ 3 6）参照)。

2)　黙示的な世代保護規定

このように明示的な規定ではなくとも、自然保護や文化（財）保護の規定の中にも黙示的な世代保護規定をみることができる。

たとえば、イタリア憲法9条2項（「共和国は国の景観および歴史的芸術的遺産を保護する」）のような自然保護や文化（財）保護の規定は、子細にみれば世代保護規定であることが明らかである。たしかに、これらの条項は第一に、自然や文化についての過去の「遺産」の保護を目的とするものではあるが、結果的にはこれによって現に生きている世代および将来の「世代」のための基盤をも確保するものである。人間の世代はそれを囲む「自然」と人間によって作られる「文化」の基盤なしには考えられない。自然と文化の両者はその生活世界を構築するのである。人間は自然と文化によって条件づけられているから、世代保護はつねにまた自然保護そして文化保護であり、世代保護は人間というものの継続的な生存を条件づけるのである（Vgl. Kulturwissenschaft, S. 605 f.)。

4 「世代間契約としての憲法」の具体的展開

(1) 「将来世代に対する責任」の具体的内容

1)　環境の保護

すでに述べたヘーベルレの見解および条文（テクスト）の分析で明らかのように、「将来世代に対する責任」という視点が最も明確な形であらわれるのが、環境・資源という地球環境問題である。

憲法理論は、時間の側面における自然および文化的な世代保護に対してなお準備不足である。今日においてはじめて、「核エネルギーに特有の時間的な潜在的危険性」が把握されている。それは、核廃棄物の影響時間の長さや時間的にはもはや予想できない「核廃棄物処理の潜在的危険性」による現在の放射能の影響の予想される後遺症の危険から生じるのである（Vgl. Kulturwissenschaft, S. 595）。

1972年の「人間環境宣言」（ストックホルム宣言）および1992年の「環境と開発に関するリオ宣言」を出すまでもなく、環境保護においては「将来世代に対する責任」はその基本認識の一つとなっている。環境倫理学においても基本理念の一つとして強調され[10)]、わが国の環境保護法制の基本法である環境基本法第1条もまた、法の目的として「環境の保全について、基本理念を定め、……もって現在及び将来の国民の健康で文化的な生活の確保に寄与するとともに人類の福祉に貢献すること」をあげている。その逐条解説によれば、「今日の環境問題は、地球環境という空間的な広がりとともに、将来の世代にわたり影響を及ぼすという時間的な広がりをもつ問題となっている。すなわち、環境の保全は、広く現世代が環境の恵沢を享受できるようにするとともに、将来の世代の人間にこれを継承することを目途として行われることが必要であるため、法律の目的にもその旨を明記したものである。」[11)]そして、第3条でも、「……現在及び将来の世代の人間が健全で恵み豊かな環境の恵沢を享受するとともに人類の存続の基盤である環境が将来にわたって維持されるように適切に行われなければならない。」という形で、世代間における環境の共有性が宣言されている[12)]。

核廃棄物の貯蔵が結果として後の世代の生活に図り知れない危険をもたらすとしたら、後の世代の環境およびその人間としての尊厳の諸条件、その自然と文化、その人間性と自由は本質的に危険にさらされることになる。まだ生まれていない者に対しても憲法の保護は及ぶものであるから、今日生きている者は自然と文化の多様

10) 加藤尚武『環境倫理学のすすめ』（丸善出版、1991年）4頁以下、ウォルター・C. ワグナー（水谷雅彦訳）「未来に対する道徳性」シュレーダー＝フレチェット編（京都生命倫理研究会訳）『環境の倫理』（晃洋書房、1993年）108頁以下、シュレーダー＝フレチェット（丸山徳次訳）「テクノロジー・環境・世代間の公平」シュレーダー＝フレチェット編同上119頁以下参照。

11) 環境庁企画調整局企画調整課編『環境基本法の解説』（ぎょうせい、1994年）116頁。

12) 黒川哲志「環境法からみた国家の役割と将来世代への責任」公法研究74号（2012）163頁以下参照。

性を将来世代のために保持し、発展させそして将来世代に適切な枠を与えるという憲法義務を果たさなければならない。「人間性という遺産」を適切に保護することに立憲主義的にも真剣に取り組まなければならない（Vgl.Kulturwissenschaft, S. 595）。

2)　先端技術研究の規制

ヘーベルレは、他人に対して自己と同じく人間の尊厳を認めるということは、一人の人間の尊厳が隣人・友愛関係の中に組み込まれていることを意味するという形で、基本法１条１項の「人間の尊厳」の中には最初から「隣人・友愛関係」が含まれていると考える。つまり、他人、隣人との関係は人間の尊厳という基本権の統合的な構成要素である。

このことは、文化科学的にみると個人を超える世代という観点を含むものである。世代間関係は個々人が免れてはならないしまた免れることができない責任共同体を形成する。新しい憲法規定は世代という観点をますます明確に自覚し、そして国民と人間の尊厳を実践する市民の将来に対してまなざしを向けているのである。このことはまた責任と義務を導く。遺伝子工学のあたらしい問題はその一つの例を示すものである（Vgl. Menschenwürde, Rdnr. 55）。

たとえば、ヒトクローン研究は、一般に人間の同一性・不可侵性あるいは人間をたんなる客体としてはならないという意味での「人間の尊厳」に反するといわれる[13)]。ヘーベルレの人間の尊厳理解からは、これは次のように説明され

---

13)　たとえば、クローン小委員会によれば、ヒトクローン研究は、体細胞の遺伝子が損傷した場合の未知の影響や、生まれてくる子供の正常な成長など安全性の確保に対する重大な疑念があるほか、以下のような点で、「人間の尊厳」に反する。すなわち、① 特定の目的のために特定の性質をもった人を意図的に作り出すこと（人間の育種）、また、人間を特定の目的のための手段、道具とみなすこと（人間の手段化・道具化）に道を開く。② すでに存在する特定の個人の遺伝子が複製された人を産生することにより、体細胞の提供者とは別人格を有するにもかかわらずつねにその人との関係が意識され、実際に生まれてきた子供や体細胞の提供者に対する人権の侵害が現実化する。③ 受精という男女両性の関わり合いの中、子供の遺伝子が偶然的に決められるという、人間の命の創造

る。

人間の生殖系列細胞への遺伝子の移植はすべて基本法第1条の人間の尊厳に反する。このような操作は危険性が制御できずまた予想できないため、このような実験は絶対的に禁止されるが、それは人間の遺伝子結合体の規格化という効果を考慮してもそうである。遺伝的素質の改変はわれわれの子孫に対しても影響を与えるものであり、同様にクローンによる複製は基本法1条に反する。なぜなら、それは変造ないしはコピーによって人間からその高度に個人的で固有の人格の形成を強奪するからである。すべての人の尊厳の平等性は、それぞれが個別に自然によって与えられた唯一無比のものであることに基礎づけられる。このような自然の運命に人間の育種という意味で目的合理的に影響を与えることは、選別のための基準を前提とする。これは、人間の運命的自然的平等を天秤にかけ、不平等に関する社会的基準を人間の尊厳についても展開させることになる。そこには、人間は本質的に不完全であることに帰因して、そして社会的に形成された不平等を超えて、すべての人間の等しい尊厳に優劣をつける萌芽がある。このような考えは基本法1条の核心内容を破壊する（Vgl. Menschenwürde, Rdnr. 92）。

3)　少子・高齢社会の「世代間連帯」

ヘーベルレは、「憲法問題としての高齢者」と題する論文の中で、高齢者問題を憲法問題として捉える根拠の一つとして、憲法が世代間の契約であることをあげている。

憲法は、若者と高齢者との間の、個々の年齢層すべての間の「世代間契約」でもある。契約というコンセプトは、すべての契約当事者の正義を保障する手段である。この手段は、時間軸においても、すなわち、世代間においても正義を履行しなければならない。すべての者はその個別の——文化的——寄与をなしうるし、なすべきである。若い世代もまたいつかは年をとるのであり、年寄りもかつては若かったのである。より年かさの者が若者の保護という「責任」を担い、後に若い世代は高齢

に関する基本的認識から著しく逸脱する（科学技術会議生命倫理委員会クローン小委員会『クローン技術による個体の産生等に関する基本的考え方』（平成11年11月17日）。（なお、青柳前掲注2）54頁、嶋崎健太郎「未出生の生命の憲法上の地位と人工生殖・生命操作技術——ドイツの理論の問題点と可能性」ドイツ憲法判例研究会編前掲注1）499頁参照）。

者保護の「責任」を担う。一般的にいえば、問題は世代間正義の樹立であり、これは社会保険法においては個別に具体化され今日、介護保険において命じられている(Vgl. Altem, S. 775)。

高齢者を社会の一員として認めることや社会的にしばしばみられる高齢者の排除や差別を是正することは、今日の立憲国家の特別の課題の一つとなる。その際問題なのは、たんなる「少数者保護」以上のものである。高齢者の問題はたんなる数の問題ではなく、人間生活のノーマライゼーションと質の問題である。重要なのは社会契約の「参加者」、つまり「すべての市民のつねに新たな自己責任および自己契約」の当事者としての人間である。したがって、立憲国家はそのことがどんなに意識されることがなく、また法的に把握することが難しいとしても、「連帯社会」である (Vgl. Altem, S. 753)。

具体的には国民年金が問題となる。一般に国民年金制度には、保険料から将来の年金支給の基礎となる資産が形成される保険料積立方式と年金が就労世代の納付する現在の保険料によって賄われる賦課方式がある。ドイツでは、前者が「期待権充足方式 (Anwartschaftsdeckungsverfahren)」といわれるのに対して、後者は、「世代間契約 (Generationenvertrag)」とよばれ、わが国と同様に、この方式が採用されている[14)]。

若者が過重負担してもならず、「高齢者」が「契約の相手方」としての若い世代への信頼を失ってもならない。年金においての問題は、世代間の給付と反対給付のバランスである〈65-〉。

わが国では、社会保障の分野において、「国民の共同連帯」という言葉が使われている。たとえば、国民年金法第1条は、国民年金制度の目的を、「日本国憲法第25条第2項に規定する理念に基き、老齢、障害又は死亡によって国民生活の安定がそこなわれることを国民の共同連帯によって防止し、もって健全な国民生活の維持及び向上に寄与すること」としている。また、介護保険法第1条によれば、介護保険制度は、加齢に伴って生ずる心身の変化に起因する

14) 古瀬徹、塩野谷祐一編『先進諸国の社会保障4・ドイツ』(東京大学出版会、1999年) 22、110頁、ヴォルフガンク・リュフナー (鈴木秀美訳)「公法、とくに社会保障法における人口高齢化問題」立命館法学234号 (1994) 156頁参照。

疾病等により介護等を要する者が、必要な保健医療・福祉サービスをうけることができるように「国民の共同連帯の理念に基づき」設けられたものである。このような年金・介護保険における「国民の共同連帯」という言葉の背後には、「世代間連帯」という考えがある[15]。

4） 財政の問題

国家財政の問題においても、「将来世代に対する責任」という視点が重要である。国債という形で過度の負担を将来世代に負わせることは、給付国家の実現を阻害するとともに、将来世代の政治的形成の自由、自己決定権をはじめとする基本権の行使を不当に制限することになる[16]。

空間と時間から独立して国家債務の限界を絶対的かつ量的に画することは非常に困難である。それでも次のようにいうことはできる。すなわち、負担が長期間にわたり非常に重く、その結果、さらなる債務の増加から生じる付加的な利子の支払いが税率の引き上げではまかなうことができず、そのほとんどを経費削減によってまかなわなければならいない場合である。このような限界を超える債務は、給付国家という憲法原理にも抵触するのである。時間とともに、すなわち世代の連鎖において過度に債務を負う立憲国家は、債務の利子支払義務が、民主的な行為の自由を広範に国家から奪い、その給付任務、すなわち基本権任務をもはや果たすことができなくなる。公的な任務を果たすためのその活動能力は政治的自由と同様に保持されなければならない。このことは、一部は将来への投資という意味での国債の起債を、

15） 川本隆史「社会保障と世代間連帯—制度と倫理のつなぎ目」世界 1999 年 3 月号 49 頁以下参照。なお、公的年金制度の財政方式のうち、わが国の採用する賦課方式の重要な理念として「世代間の公平」が指摘されている（牛丸聡『公的年金の財政方式』（東洋経済新社、1996 年）56 頁以下参照)。

16） ハベルカテによれば、国債によって実際に利益を受ける者とこれを負担する者は、同世代においても将来世代においても一致しない。国債を発行して利益を受けるのは今の世代全体ではなく特定のグループだけである。また将来においても国家に貸し付けそしてその貸金を利子とともに回収することのできる者は利益を受けることができる。このように、国債は世代間の分配の不平等であると同時に同世代間の分配の不平等の問題でもあるとする（Haverkate, a.a.O., S. 325 f.)。→V

一部は、その限定を意味する（Vgl. Zeit, S. 669 ff.; Kulturwissenschaft, S. 594 f.)。

ヘーベルレは、連邦憲法裁判所の任務に関連して、次のように述べる。

「憲法裁判所は、憲法上の社会契約、特に世代契約に対して共同責任を負っており、……たとえば、連邦憲法裁判所は、古い世代と若い世代のバランスを欠くような年金規定をパスさせてはならない。このことは形の上では、社会国家原理、人間の尊厳、信頼の保護および労働力の価値によって議論されるが、実質的には契約モデルによって導かれることである。国債の許容限度は世代間の社会契約を考慮して考えられなければならない。社会契約は、究極的には基本法111条2項［「特別の法律に基づいて租税、公課その他の財源から得られる収入、又は、事業経営資金積立金が、第1項の支出を充足できない限りにおいて、連邦政府は、財政運営を維持するために必要な資金を、前年度の予算計画の総計の4分の1までを限度として、起債の方法で調達することが許される」］のような実定法的規範の背後にある」〈67〉。

5)　教育目標としての憲法

ヘーベルレは、「教育目標としての憲法」という主張[17)]（Ⅱ2(1)1-8）の一環として、次のように述べる。

憲法は子どもの教育から成人教育までのさまざまな任務を憲法自身の存続のために規範化する。憲法は、「契約としての憲法」の世代の連続における自由な公共体としてその新しい契約相手としての若者へのアピールという形で、その教育目標を通して自らを保障する。寛容、民主主義、人間の尊厳、民族宥和あるいは「民主主義の精神」というような目標は、世代間相互のつねに新たな意思の疎通を可能にするに違いないプロセスに対する開かれた指示である。教育は決して一方通行ではない。そうであってはじめて、一般的な価値変化を捉えることができるのである。教育目標は、高齢者と若者の世代間契約を考慮すれば、「契約目標」である。つまり、教育者は、若い世代がその未来を第一に自ら探求しようとするということを理解しなければならない。若い世代は、教育目標に化体された過去の文化的遺産においても存在するということを、教育者は若い世代にはっきり分からせなければならない。教育目標は同時に多くの場合、将来、憲法を生かしそして形成すべき人間はどうあるべきかという現在の構想である。そう考えると憲法は教育目標自体において自らに出会うことになる。憲法の現在は教育という形で憲法の未来と出会うのである

17)　毛利 ①28頁および今野健一「教育における国家の役割と時間軸」公法研究74号（2012）186頁以下参照。

(Vgl. Kulturwissenschaft, S. 764)。

(2) 「世代間契約」による憲法判例の分析

ヘーベルレは、この「世代間契約」という視点を憲法裁判についても展開し、いわゆる「憲法裁判の任務と限界」という議論に新たな観点を加えようとする。つまり、憲法裁判もまた憲法の社会契約を前進させる継続的なプロセスの中に位置づけられるがゆえに、憲法裁判所は、立法者と並んで機能法的にみて、憲法上の社会契約、特に「世代間契約としての憲法」を考慮する責任を負っているとするのである。このような観点から、連邦憲法裁判所の判決が分析されている。

具体的には、第1次堕胎判決（BVerfGE 39, 1［I 8：嶋崎健太郎］)、過激派決定（BVerfGE 39, 334［I 78：石村修］)、兵役拒否事件（BVerfGE, 48, 127）が社会契約・世代間契約からみて問題のある判例としてあげられている。

> これらの判決については、若い市民の大部分、いやその全体が、理解されていない、期待を裏切られたあるいは無視されたと感じている。これら諸判決では、若い世代が終始一貫して消極的な当事者となっているが、いずれの判決も結果的には若い世代の意思に真正面から反するか、または反するようにみえるものであり、若い世代に耐え難い負担を課すものである。それゆえ憲法裁判所によってもまた、つねに結びつけられなければならない年長の世代と若い世代そして憲法の間の絆が危険にさらされる可能性がある。「広義の社会（の）裁判所として憲法裁判所」は、「契約としての憲法」を、できるだけすべての市民が自ら理解されていると感じ、誰にも過度の負担を課さず、そして集団や世代の間にいかなる裂け目もないように解釈されなければならない。このような場合にのみ、憲法は恒常的な、日々新たなすべての者の自己契約のための枠となることができるのである。憲法の契約はいかなる市民の集団あるいは個々の世代も見失ってはならない。たとえば、過激派問題については、国家と若い市民の間で不信ではなく信頼を前提とする手続実践が展開されるべきであり、そうすれば、公職就任の際の適格要件および憲法忠誠の要請が一貫して正当化される。連邦憲法裁判所の刑法218条［堕胎罪］に関する判決も新たな観点から考察されなければならない。憲法とその機関としての連邦憲法裁判所は、いまだ生まれてはいないが創造された者、胎児に対して特別の保護義務を負う。おそらく、このようなアプローチは連邦憲法裁判所の堕胎判決をめぐる争いを緩和す

ることに寄与するであろう。このようなアプローチは若い世代に判決を納得させることができるかもしれない。若い世代は、いかに自らが歴史の連続において（そしてそこにおいてのみ）存在するか、たしかにかけがえのない個的存在ではあるが、しかしまた過去の世代との連続性においてそして将来の世代に対する責任において存在するかということをより容易に理解する〈63-〉。

5　日本国憲法における「将来世代に対する責任」

以上のようにヘーベルレによって展開された「世代間契約としての憲法」、「将来世代に対する責任」という視点から日本国憲法をみると、そこには解釈上新たな視点が得られる。

(1)「世代間契約としての憲法」の総則的規定

まず、日本国憲法前文の第一段（「日本国民は、正当に選挙された国会における代表者を通じて行動し、われらとわれらの子孫のために、諸国民との協和による成果と、わが国全土にわたつて自由のもたらす恵沢を確保し、政府の行為によつて再び戦争の惨禍が起ることのないやうにすることを決意し、ここに主権が国民に存することを宣言し、この憲法を確定する。」）における「われらとわれらの子孫のために」という言葉は、たんに修辞的な意味ではなく、日本国憲法を世代間契約として、通時的に解釈する必要性を示唆するものである。

また、従来、憲法11条（「国民は、すべての基本的人権の享有を妨げられない。この憲法が国民に保障する基本的人権は、侵すことのできない永久の権利として、現在及び将来の国民に与へられる。」）は、人権に関する総則規定として憲法解釈上大きな意味を与えられていなかった。しかし、基本的人権の享有主体が現在の国民だけではなく「将来の国民」も含まれることが明文で要請されている以上、憲法が保障する個々の基本権の保障内容を画する上でも、この要請に十分に応えなければならないであろう。すなわち、現在の国民に対する基本的人権の保障が「将来の国民」の基本権の保障を制限したり妨げたりすることはあってはならないという視点がすべての人権に共通する基本原理としての「将来世代に対する責任」を導くのである。

さらには、97条（「この憲法が日本国民に保障する基本的人権は、人類の多年にわたる自由獲得の努力の成果であって、これらの権利は、過去幾多の試練に堪へ、現在及び将来の国民に対し、侵すことのできない永久の権利として信託されたものである。」——以上いずれも強調は引用者）においても、人権の享有主体として、「現在及び将来の国民」があげられている。ここには、憲法11条と同様の趣旨の他に、さらに次のような意義を見いだすことができるのである。

すでに述べたように、「将来世代に対する責任」の中には、歴史の中で過去の世代が蓄積してきた知識や文化を次の世代に伝えていく義務が含まれる。本条は、「侵すことのできない永久の権利として、現在及び将来の国民に与えられ」（11条）た憲法の基本的人権が、「国民の不断の努力によって、これを保持しなければならない」（12条）ことを確認するものである。この意味で、本条は、このような意味での「将来世代に対する責任」を「憲法上の義務」とするものである。本条は、基本的人権が「信託されたもの」であるとしている。憲法11条の「与えられた」よりも一層基本的人権の性格をあらわしている。英米の私法上の制度である「信託」を本条にあてはめれば、委託者（過去の世代）が受益者の利益のために運用するという条件で受託者（現在の世代）に基本的人権を移転する行為となる。なぜなら、基本的人権とは所与のものとして存在するものではなく、各時代の人類の「不断の努力によって」維持・発展され、それが次の時代の人類に継承されるべき性格のものであるからである。本来、本条の原型である「以下この憲法によって日本国民に与えられ、保障される基本的人権は、人類の多年にわたる自由獲得の成果である。これらの権利は、時と経験のるつぼのなかでその永続性について苛烈な試練を受け、それに耐え残ったものであって、現在および将来の世代に対し、永久に侵すべからざるものとする義務を課す神聖な信託として、与えられるものである」とする総司令部の規定を、日本国政府が修正した上で他の条文と併せて基本的人権の総則規定として整理した。これに対して、この条文をこれはこれとしてぜひ憲法のどこかに掲げたいという総司令部側の要望があり、文言を一部修正した形で、この「最高法規」の章に置かれることになった[18]。

このような制定の経緯と憲法11条との類似性およびその文言の一般性ゆえに、本条は不必要なものであるとか、あるいは不必要ではないとしても、基本的人権の尊重すべきゆえんを何度もくりかえして説明するという意図の下に書かれた憲法のレトリックであるといわれる[19]。

たしかに、立法技術上の難点を指摘する見解もあるが、先に述べた以外にも、本条には11条とは異なった存在理由が見いだしうる。第一に、本条はなぜ憲法が最高法規であるかについての実質的根拠を与えるものである。憲法は、「本来は、人間の権利・自由をあらゆる国家権力から不可侵なものとして保障するという理念に基づいて、その価値を規範化した、国家権力に対する法的制限の基本秩序である。こういう『自由の基礎法』であるところに最高法規性の実質的根拠があ」り、「実質的最高性の原則があって初めて、形式的最高性を確認した98条1項が導き出されるという、密接な憲法思想史的関連」[20]からみて、本条は「最高法規」の冒頭をかざるにふさわしいものとみるべきである[21]。

第二に、すでに述べたように、本条が「時に対して開かれた憲法」であることを明確にしている。本条のもとになった総司令部案が明確にするように、憲

---

18) 高柳賢三、大友一郎、田中英夫編著『日本国憲法制定の過程Ⅱ』(有斐閣、1972年) 150頁以下参照。

19) 「憲法調査会報告書—全文と解説」法律時報36巻9号 (1964) 234頁以下参照。

20) 芦部信喜『憲法学1憲法総論』(有斐閣、1992年) 56頁以下。佐藤幸治は、その著の「執筆を終えて」において、次のように記している。すなわち、「本書に何らかの意味があるとすれば、日本国憲法97条に述べられていることを具体的に再確認し、試練と悲劇に充ちた現実世界にあってなお絶えることなき人間の知性(理性)の営みに『希望』を見出すことにあるのではないかと思う。」(『立憲主義について—成立過程と現代』(左右社、2015年) 263頁)。

21) 川添利幸「憲法の最高法規性」川添利幸、田口精一編『法学演習講座・憲法』(法学書院、1972年) 20頁および法学協会『註解日本国憲法下巻』(有斐閣、1950年) 1462頁参照。

法の中核にある基本的人権は「時と経験のるつぼの中で」生成・形成・発展されるべきものであり、本条は、それが近代立憲主義の成果として過去と連関するのみならず、将来とも連関するものであることが示唆されているのである。すなわち、本章での憲法の最高法規性の宣言をはじめとする憲法保障の規定によって憲法の基本的な価値が保障されることが、結局は、日本国憲法が保障する個人の尊重を中核とする基本的人権を将来に継承するための前提となるのである。

⑵　個別規定の読み直し

以上のような、総則的な規定は、「世代間契約としての憲法」、「将来世代に対する責任」に関する明示的規定とみることができよう。これに対して、以下に言及する個別的人権規定は必ずしも明示的なものではないが、総則的規定によってその内容についての指針が与えられている以上、「世代間契約としての憲法」、「将来世代に対する責任」という観点が個々の規定の解釈においても生かされなければならない。

1)　憲法13条1項の「幸福追求の権利」から自己決定権が導かれ、その中に、生まない自由という意味での「人工妊娠中絶の自由」が主張される。この場合、妊婦の自己決定権と衝突するのが「胎児の生命権」であるが、胎児の憲法上の権利が認められるか否かについては争いがある。この胎児の憲法上の権利が認められるか否かという議論において、「世代間契約としての憲法」という視点は一定の役割を果たすことができよう[22)]。

2)　25条1項の「健康で文化的な最低限度の生活を営む権利」が現在の国民のみではなく将来の国民に対しても保障され、また、2項で国には社会福祉、社会保障および公衆衛生の向上・増進義務が課されている以上、年金、環境法制は当然にこのような憲法上の要請に応えるものでなければならないであろ

---

22)　胎児の人権に関して、結論は異なるが、中山茂樹「胎児は憲法上の権利を持つのか―『関係性』をめぐる生命倫理と憲法学」法の理論19（2000）13頁以下参照。

う。逆に、22条、29条の経済的自由の規定もその制約原理の中に「将来世代に対する責任」が含まれよう。

3)　また、憲法14条の「法の下の平等」の解釈においても、「世代内（公平）平等」と「世代間（公平）平等」という視点、また、現在の国民と将来の国民との（公正）平等の視点が不可欠になろう。

4)　さらに、憲法23条の学問研究に対する制約原理の一つとして、「将来世代に対する責任」というものがあげられる。たとえば、遺伝子組み換え研究においても、「この種の遺伝子介入は、新しい組換遺伝子が生殖細胞を通して後の世代をも宿命づけることになり、将来の“生者に対する死者の支配”……を意味することになる。」[23]という主張がなされている。先端科学技術に対する「素朴な漠とした不安」のうちには、直接的な危険性はもとより、将来の世代に対する危険性への危機感があるのではないか。さらにいえば、先端科学技術に対する統制において問題となる民主的意思反映手続においては、各層の意見はもとより各世代の意見をどのように反映するかが大きな課題となる。そして、この手続には、その意見を直接反映させることができない「未だ生まれていない世代」の意見も反映させる工夫が当然に求められる。

5)　最後に、前文および憲法9条の平和主義について言及すれば、憲法9条の戦争の放棄が、一時的ではなく将来にわたる「永久の放棄」であり、これが、前文第一段で「われらとわれらの子孫のために」、「政府の行為によって再び戦争の惨禍が起ることのないやうにすることを決意し（た）」結果である以上、平和主義を維持することも、現世代の「将来世代に対する責任」であるといえる[24]。

---

23)　保木本一郎「科学技術の公法的統制論」兼子一・宮崎良夫編『行政法学の現状分析　高柳信一先生古稀記念論集』（勁草書房、1991年）285頁。

24)　このことを美しく表現したものとして、「花のこと少年少女美しき憲法九条まだある夏の夕べ」（第16同朝日歌壇賞の北川恵氏の歌（朝日新聞2000年1月23日朝刊）。なお、ヘーベルレの平和構想については、井上②97頁以下参照。

Ⅵ　財政に対する憲法原理としての「世代間の公平」

目　　次

1　問題の所在

日本国憲法は、財政に関して、直接これを規定する第7章「財政」（9カ条）をはじめとして、多くの条項をさいている。これは、明治憲法のそれに比して質量とも拡充したものであるだけではなく、日本国憲法の統治に関する他の条項とくらべても遜色がない。

しかし、第89条の「公金の支出の禁止」を除き、そのほとんどは「財政手続」に関する規制であって、財政運営の内容に係わるものではない。「財政運営の実態に対して、日本国憲法は、有効な『実体的憲法規範』、すなわち、立法者の判断を内容的に拘束する規範を用意していないのである。その意味において、『財政制度』は、大きく立法裁量に委ねられている……。たしかに、財政運営の中身に関して、憲法により拘束を加えることは控えて、ときどきの国民の賢明な意思決定に委ねる方が好ましいという憲法政策がとられているとして、積極的に評価することもできる」[1)]。しかし、「財政運営について硬直的な規律は好ましくないにしても、実体規範がないとして放置することに甘んじてよいかどうかは、再検討が必要である。財政に関する『実体的憲法規範』を発見することが、憲法学や財政法学に課せられている課題である。」[2)]といえる。

このような再検討の必要性は、景気対策の優先による健全財政の要請の後退や安易な公債による財源の確保という最近のわが国の財政運営について特に強く感じられるところである。また公的年金制度の改革に関しても多くの議論がある。

そして、財政赤字や国債残高の累積という問題では、負担を後代に残し世代間の負担の公正を阻害するようになるという「世代間の不公平」が、年金問題では若い世代の過重負担が、指摘されているが、またこれには異論もある。い

1)　碓井光明「財政制度」ジュリスト1192号（2001）189頁。

2)　同「憲法と財政」法学教室233号（2000）83頁。

ずれにしても「世代間の公平」あるいは「将来世代に対する責任」というものが現在の財政運営において最も重要な視点の一つとして提唱されていることは間違いない。しかし、この「世代間の公平」という視点は、その政治的、倫理的意味はともかく法的な意味、特に憲法上の意味についてはほとんど議論となっていない。つまり、「世代間の公平」は、憲法とは別個にそれぞれの個別の場面で言及され、議論されているのである。

財政に関する、「実体的憲法規範」を発見することが、憲法学や財政法学に課せられている課題であるとすれば、現今の財政運営や公的年金制度に関する重要な視点である「世代間の公平」という要請が憲法上の原理として位置づけることができるかどうかが問われなければならないであろう。

Ⅴでは、P. ヘーベルレの学説を素材に、財政制度、公的年金制度のほか、環境保護、先端技術研究の規制、教育改革など現在社会の諸問題を考察するための憲法原理の一つとして、「将来世代に対する責任」、「世代間の公平」を検討したが、本章は、ドイツの公法学者、G. ハベルカテの憲法論を素材として、財政に対する憲法原理として「世代間の公平」あるいは「将来世代に対する責任」をどのような形でより具体的に展開することができるかを検討する。

2　憲法問題としての「世代間の公平」

⑴　相互性の秩序としての憲法

G. ハベルカテ[3]は、その著『憲法論――相互性の秩序としての憲法――』において、その副題からも明らかにように、自由主義的社会的立憲国家の基本決定として、「立憲国家の憲法はその核心において法によって媒介された市民間の相互性の秩序である」というテーゼを展開する[4]。

---

3)　G. ハベルカテの業績については、村上武則「ゲルグ・ハベルカテ『給付国家の法問題』」の紹介」広島法学 8 巻 2・3 合併号（1984）75 頁以下参照。

4)　Görg Haverkate, Verfassungslehre – Verfassung als Gegenseitigkeitsordnung, München 1992.（以下本章における（　）の引用頁数は、すべて本書の頁を指

ハベルカテは、社会契約論を基礎に憲法を市民相互の秩序であるとする（S. 48 ff.）。

「立憲国家の憲法は法によって媒介された市民の間の生産的な相互性の秩序である。形式的にみれば、それは一方的に制定された規範（形式的意味の憲法）としてあらわれる。実質的には、それは法主体として相互に顧慮しそして各人の人格の平等の展開のための余地を相互に認めあうという市民の相互的な約束として理解される（実質的意味の憲法）」(S. 153)。「相互性の秩序とは、形式的には相互の行為による設定――契約であり、実質的には、法規範の内容が実際上のあるいは仮想の市民の同意（市民が同意したかあるいは同意したと推定されえた）によって定められるのである」(S. 149)[5]。

(2) 基本権の享有主体としての将来世代

憲法が市民の間の相互性の秩序であるならば、憲法の基本権保障も、「市民の自由な相互性を可能にするもの」ということになる。そして、基本権の享有主体はまず疑いなくその法秩序に継続的に属している者、すなわち現在生きている市民ということになる。問題は、相互性という概念によって、このような考えを変更したり、補充したりする必要が生じるかである。端的にいえば、市

す）。栗城壽夫は、ハベルカテの「相互性の秩序としての憲法」を、次のようにまとめる。すなわち、「相互性の秩序としての憲法は、次のように考えるべきということになる。① 国家は市民間の相互的結合関係であり、憲法はその相互関係を実現・維持することを目的とする秩序である。② 具体的な政治的・社会的状況の中で、種々の分野と段階および形態において、不断に新たに、市民間の相互関係が実現・維持されるように憲法が解釈・運用されるべきである。」（深瀬忠一、杉原泰雄、樋口陽一、浦田賢治編『恒久世界平和のために―日本国憲法からの提言』（勁草書房、1998 年）103 頁以下、なお、栗城壽夫「国家・国民・憲法」憲法理論研究会編『立憲主義とデモクラシー（憲法理論叢書 9 ）』（啓文堂、2001 年）14 頁以下参照）。

5) ヘーベルレの場合には、「社会契約としての憲法」という命題を空間だけではなく時間的にも拡大展開することによって、「世代間契約としての憲法」という命題を導き、そのから「将来世代に対する責任」を展開している（V 2、3(1)参照）。

民の自由な相互性を可能にするものとしての基本権保障の享有主体として将来世代が含まれるかである（S. 245 ff.）。

しかし、従来の憲法論・国家論は連続する世代を視野に入れたものではなく、基本権は現在の基本権主体の生存の機会のみを保障し、それゆえ、基本権は、現世代が将来世代の生存利益を無責任に扱うことを可能にし、それどころかそれを保障しているようにさえみえるのである（S. 250 f.）。

そこであらためて、いかなる根拠から将来世代を憲法の基本権の保護領域に含めることが理由づけられるのかが問われることになる。ハベルカテは、その根拠として「個人の尊厳」をあげる。

「現世代は、将来世代の生存の可能性を否定する権利をもっているわけではない。将来生きるであろう人々の利益は、あたかも彼らが今日主体としての資格をもっているかのようなやり方で考慮されなければならない。生命に対する畏敬の念は、生命の担い手である個人の尊厳という憲法命題を基礎づける。しかし、……個人が生命の担い手として問題となる限りにおいて、共同の担い手としての個人に生命に対する畏敬の念から憲法上の保護が与えられるのである。あらゆる個人の不可侵性の法的保護において表現されている個人という思想を極限まで押し進めることは、このような個人の人格の展開を同時に、他者のための保護の義務へと――今日生きている人々の相互性――そしてまた、いまだ個人という形では展開されていない人の生命の保護の義務へと引き戻す。このことは、現在生きている人々と将来世代の間の相互性という法原理をうち立てることに至る。現在生きている者は、将来生きるであろう人々と相互関係に立つことを望まずそして彼らに法的な保護を与えることを原則として拒否するならば、結果的には同時に現在生きている者自身を保護するものの基盤を放棄することになる」（S. 251）。

そして、基本権主体として将来世代をも含ませるということは、将来世代の権利の保護のために現世代の権利・自由を制限する可能性を認めるものである。

「自由は第一にそしてなによりもまず主観的な恣意である。自由の憲法は、なにが正しい自由の用法であるかを決めることはないが、……自由の行使をどのような形で協調性のあるものとしようとするのかを問題とする。自由の調整は――個々人の自由の保護の結果でもあるが――第一に個人の間で行われる。さまざまな自由の主体の対立において——部分的に——主観的な恣意が調整される」。しかし、現在の世代と将来世代の間の自由のこのような調整が存在しえない（S. 251 f.)。

したがって、具体的には、立法者に対して、現在生きている人々のために一方的に有利に扱うことを避け、将来世代の権利・利益を配慮するという義務が課される。つまり、国の政策決定者に対しては、「将来生きるであろう人々の利益が少なくとも考慮に入れられなければならない。将来生きるであろう人々の利益は、将来生きるであろう人々が同意することのできるような形で考慮されなければならない。」という義務が生じるのである。

「現在生きる人々と将来世代との間の相互性というこのような法原理が承認される場合には、このことは国家の行為への重要な実際上の影響をもたざるをえない。国家行為が将来生きるであろう人々の可能性と手段を大事に扱いまたは私人が国家の承認の下でそのように扱うようなやり方で多くのことが変更されなければならないであろう」(S. 252)。

(3)　世代間の再配分

このように、将来世代をも基本権の享有主体として考慮しなければならないのであれば、「市民間の相互性の秩序としての憲法」は、同時に「世代間の相互性の秩序としての憲法」ということになる。そしてこのことは、「相互性の秩序としての憲法」の具体的な展開の一つとしての「再配分」という問題においても重要な観点となる。

1)　この再配分は、いわゆる実質的な平等の確保を目標とするものである。

「19 世紀の市民的法治国家が、各人に各人のものを保障することを目的とするものであったのに対して、20 世紀の社会的立憲国家は、それにとどまらず、各人に本来的に帰属するものを手に入れさせることを目的とするものである。市民的法治国家は、市場社会の保障をめざすものであった。社会国家は市場による最初の配分の結果を正義の原則にしたがって再配分によって調整することを要求する。再配分は、当初の市場の所産を、国家による財の分配によっておよび／または公的な諸制度（病院、大学、学校、社会保険）の構築によって是正し、平等に自由権を実際に享受することができるようにすることを目標としている」(S. 258)。

そして、この再配分は、① 社会的階級および階層間の再配分、② 国家間の再配分、③ 世代間の再配分という三つのレベルで行われることになる。今日の憲法学は、国内のさまざまな不平等の是正から南北格差、先進国と発展途上国との格差是正という形で、「社会的階級および階層間の再配分」から、「国家間の再配分」の問題を扱ってきた。さらに、「世代間の数の不均衡が負担の平等の問題を投げかけ、そして、他方、その影響を受ける将来世代に負担をかける形で自然の資源を浪費することが確認されるにしたがい、世代間の再配分の問題が次第に意識されるようになった」(S. 259)。

2) 実際、世代間ではさまざまな形での再配分が行われている。

「現代は将来のために倹約をすることができる。しかしまた現代は、自己の消費のための資金を高めるために、将来に負担をかけることもできる。私的な領域では、両親は子どものために貯金をする。家族住宅は貸付金によって賄われる。公的な領域では、ゲマインデはなお数十年の間、利益をもたらす投資を行う。デラックスな室内水泳場の建設のために公債が発行されるが、この公債は、なお何十年か後、室内水泳場が建物の耐久年数がきてとっくに閉鎖された後も、ゲマインデ財政の負担となる」(S. 319)。

このようなさまざまな再配分のうちで問題となるのが、「ある世代が差し引き他の世代に比べて大きな負担を負わせられ、それが宿命論的な経緯ではなく、原則として回避できる性格のものである場合」である。

「一方で法によって担われそして形成された世代間の給付関係が存在する場合、つまり、現行法自らがこのような給付関係をうち立てているところでは、世代間の負担の平等という考えが考慮されなければならない。世代間の再配分がもっぱら一つの世代のその法的に保護された生活上の利害に関わる場合、すなわち、憲法の法益がこのような衝突において中心的にかかわる場合には、憲法はこのような衝突の規律をさけることはできない」(S. 319)。

そしてこのような再配分が問題となる領域として、① 年金保険における世代間の再配分、② 国家債務による世代間の再配分、③ 環境に負荷をかける行為の利益と負担の分離による世代間の再配分をあげ、次のような視点からの検討が必要であるとする。すなわち、「現在の世代と将来の世代との間の再配分は何によって行われるか。将来支払わなければならない債務を誰が負うのか。受益者は誰か（そもそも受益者は存在するのか）。誰が負担する者か。……債務は後に転嫁できるのかそして誰の負担でこれが行われるのか」(S. 320)。

3 「世代間の再配分」の具体的展開

(1) 公的年金制度

少子・高齢社会において公的年金制度の改革が重要な政策課題の一つになっていることは、ドイツも日本と同様である[6)]。

「少子化の急速な進展によって将来次第に減少する労働人口が、その保険料によって次第に増加する年金生活者の年金を賄わなければならいことになる。……1950代の半ば３人の保険料支払い義務者が１人の年金生活者の年金を賄わなければならなかった。現在では２人の保険料支払い義務者が１人の年金生活者の年金を賄わなければならない。将来この関係は、（状況がより悪化しないとしても）１人につき１人となる」(S. 321)。

年金保険の安定性は今日の国家の最も重要な正当化基盤の一つであり、公的年金制度の改革は不可欠のものである。そして、年金に関する議論はできるだけ合理的かつ具体的に行われなければならない。

しかし、年金制度の改革においては、「誰が現行法によって利益を受け、誰が現行法によって負担を引受けているか。優遇と負担との不平等な再配分は実質的に正当化されるか。いかなる是正案が行われるか。このような是正案の再配分効果とは、どのようなものであるか――誰の負担の上で誰が優遇されるべきか。――しばしばこのような具体的な問題設定が欠けている」(S. 322)。

再配分が問題となるのは、公的年金制度の賦課方式と賃金スライド（dynamische Rente）原理である。これらが、少子・高齢社会において若い勤労者に特

---

6)　ドイツの年金制度とその改革の動きについては、古瀬徹・塩野谷祐一編『先進諸国の社会保障４・ドイツ』（東京大学出版会、1999年）110頁以下参照。

に重い負担を強いることになる。

> 「今日の保険料支払者が今日の年金を支払う。今日の保険料支払者が老齢に達したとき、彼らに年金を支払うのはこのときの勤労者である。このようなシステムは世代間契約とよばれる」。さらに、われわれは今日の年金を今日の保険料収入から支払うだけではなく、われわれが今日支払う年金も今日の勤労者の生活水準に引き上げる。年金算出は、今日手に入れることのできるものに連動しているのであり、年金生活者がその職業生活において手に入れたものではない。これは賃金スライド原理である。今日の年金生活者には彼らが積み立てた保険料以上のものが与えられる。……すべての年金はその時々の現実の生活水準に合わせてその時々に引き上げられるので、異なる世代間の保険金の公正はほぼ確保される」(S. 322)。

しかし、このような賦課方式と賃金スライド原理は、異なる世代間で支払額の大きな不均衡が生じる場合には、次のような問題を引き起こす。

> 「今日の勤労者は、今日の年金生活者を高い水準で賄うために高い保険料を支払っている。今日の勤労者自身が年金生活に入るとき、その自己の年金は彼らが以前に賄った年金よりも非常に削減されたものとならざるをえない。なぜなら、彼らに続く世代は従来の水準で年金を賄うことができないからである。……したがって、今日有効ではあるがそのうち維持できなくなるであろう年金規律においていかなる世代もかつて担うことがなかったような高いそして将来はなお増加するであろう保険料負担を担わなければならない保険料支払者は……自身が年金生活に入る時、老齢者の全人口に占める割合は特に高く、そしてそれゆえ、彼らが以前に他の世代に対して年金を賄っていたような額の年金を受け取る可能性はないのである」(S. 322 f.)。

そこで、年金改革にあたっては、特に若い勤労者に対して、その支払われる高い保険料が他の世代に対して年金を賄うと同様に確実に自らも老齢援護を受けることができることを、すなわち、世代間の公正な相互関係を十分に説明しなければならない。しかし、現実の年金改革では——たとえば、40 年経って年金生活に入る現在 25 歳の若い勤労者の利益が十分に考慮されていない等——各世代の相互性を考慮して時間的に十分な射程を設定していない (Vgl. S. 323)。

負担の公平という観点からみて特に問題となるのが子供を養育している者で

ある。

「今日、子どもを養育している者は、公的な家族負担調整や養育期間の参入による年金法上の優遇措置にもかかわらず子どもを養育していない者に比べていまなお決定的に不利な状況にある。子どもを養育している者はそれによって、年金を賄う保険料支払者が、将来存在することに貢献するのである。そしてその年金は、子どもの養育の経済的不利を厭わない者のためだけではなく、子どものいない者のための年金でもあるのである。……育児期間を年金法上参入することによってこのような問題は解消できるであろうか。これによって両親、特に子どものために職場を退き育児をする女性の不利益は埋め合わされうるかもしれない。しかし、育児期間を認めることによって生じる経済的な負担は他人の養育によって利益を受ける者（すなわち子どもを養育しない者）が負うわけではない。むしろその負担は、そうでなくてもすでに人口統計上の変動によって重い負担を負わなければならない将来の保険料支払者、納税者が負うことになる。子どもを養育しない者とその苦労を引き受けた者との関係における不平等が存在する場合には、不平等はこの関係の中でも調整されなければならない。これが行われていない」(S. 323 f.)。

最後に、ハベルカテは当時の年金制度改革に対して次のような警鐘を鳴らしている。

「現行法は将来の不平等を面前にして歳出政策を適時に転換しなければならなかった。現行法は将来の厳しさ（困難）を克服するためには今、年金金庫を節約しなければならなかった。しかし実際には給付がなお拡大されている。今、将来の問題に目を閉ざすことができるとしても、問題は将来より厳しい形でつきつけられるということを覚悟しなければならない。今われわれが目を閉じそして必要な転換を怠れば怠るだけ、現在忠実に自己の法律上の義務を履行している人々の不利益は厳しいものになるであろう」(S. 324)[7]。

(2) 国債の発行

国債も、世代間の再配分の問題となる[7]。

「国債はたしかに、通常その支払いに応じて定められた満期に応じて利子をつけ償還されなければならない。したがって国債は国債を発行した世代の負担となる。

7) ドイツの国債制度については、中川雅治編『国債—発行・流通の現状と将来の課題—』(大蔵省財務協会、1992年) 334頁以下参照。

しかし、長期の、30年とかそれ以上の償還の国債は将来世代の負担ともなる。ある意味において国債は将来世代になってはじめて負担となるとさえいえる。その将来世代は、当初国債によって担われた投資がとうの昔に適切な利益をもたらさなくなったか——そもそもまったく利益をもたらさない段階で支払いを行わなければならないのである」(S. 325)。

たしかに、国債が将来世代の負担になるという主張に対しては、「将来世代は満期がきた償還義務によって負担を負うだけではなく、将来世代は利益も受ける。なぜなら、このような償還は国債の債権者としての将来世代に対しても行われるからである。」という反論がある。これに対してハベルカテは、「利益を受ける者と負担を負う者、国債の債権者と債務者は同じ（次）世代に属するが、しかし、両者は同一ではない。」という（S. 325）。国債によって利益を受ける者は誰か。

「第一には、政治的利益を受けるのは国債を発行した政治家である。けだし、政治家は国債の助けをかりてそれがない場合よりも、より気前よく物惜しみしない態度をみせることができる。国債は政治的な利益をもたらす。潤沢にある金はきびしい償還条件を忘れさせる」。次に、「国債の金が流れる消費者、国債がなければ手元に金のない現在の消費者もまた利益を受ける。国債は（それが本来の場であるが）たんに投資に回されるだけではない、国債は選挙公約にも消費支出にも流れ、その助けをかりて至るところで給料が支払われる。したがって、現世代すべてが利益を受けるわけではなく、特定の集団である。それは誰かといえば、それがいえるのは、われわれが国債のそれぞれ具体的な使用を知る場合だけである。このような受益者集団が実際上利益を受けることについては疑問を挟む余地はない、なぜなら、金を国債という形で調達しなければ通常、金を自由に使うことはできないからである。国債は、他の税源を見いだすことが政治的に適切であると思われない場合に、発行されるのである」。「将来の納税者は、彼らが償還しなければならない場合には、とりわけ、利益を引き出すことができないにもかかわらず償還しなければならない場合には、負担となる。たしかに、将来において受益者もいる、それは国債を買いそして今その金を利子とともに回収する人々である」(S. 325 f.)。

さらに国際的な債務の場合には問題は拡大する。

「国内の債務の場合には、負担を負う納税者の若干は債権者と一致する。したがって、納税者としてのその負担は債権者としてのその利益によって埋め合わせられる。国際的な債務の場合には事情が異なる。将来の償還は外国の債権者に対して行われ、その限りで国内において利益を受ける者はいない」(S. 326)[8)]。

4 財政に対する憲法原理としての「世代間の公平」

以上のようなハベルカテの具体的な批判と提言は、ドイツで実際に行われている施策や制度を前提とするものであり、そのままわが国にあてはまるというわけではない。

しかし、社会契約論を基盤とする「市民間の相互関係の秩序としての憲法」から「基本権の享有主体としての将来世代」そして、「世代間の配分」という形で、憲法原理としての「世代間の公平」を導き、これによって現状を分析するというやり方はわが国についても多くの示唆を与える。

なぜならVで述べたように、日本国憲法もまた、社会契約論を基礎とするものであり、ドイツの基本法と同様に、そこに「市民間の相互関係の秩序としての憲法」、「基本権の享有主体としての将来世代」、「世代間の配分」を読みとることができる。そして、それによって、ドイツと同様に、財政や公的年金制度に関する憲法上の要請としての「世代間の公平」を導き出すことができる。

財政に関する実体的憲法規範として、「世代間の公平」を位置づけることができるのであれば、国債残高の累積、年金問題における具体的な政策の選択にあたり、それが「世代間の公平」を考慮したものであり、「世代間の公平」を害するものでないことが憲法上要請されることになる。

---

8) 以上のように、ハベルカテが展開する公債負担の世代間公平の問題は、財政学における重要な論点の一つである。これについて、木下和夫・肥後和夫・大熊一郎編『財政学(1)』(有斐閣、1970年) 111頁以下 (鑛山昌一執筆)、大川政三・池田浩太郎編『新財政論』(有斐閣、1986年)、190頁以下 (池田浩太郎執筆) 参照。

(1) 健全財政主義

財政法第4条1項によれば、「国の歳出は、公債又は借入金以外の歳入を以て、その財源としなければならない。但し、公共事業費、出資金及び貸付金の財源については、国会の議決を経た金額の範囲内で、公債を発行し又は借入金をなすことができる」。本条は、「国の歳出は原則として租税をもって賄うべきであり、公債や借入金のような借金をもって充当すべき歳出は一定の範囲内に限られることを宣言するものである。これは歳出財源に関する租税優先の原則ともいうべきものであり、経済的にみれば健全財政主義の表明」である[9)]。そして、但書において公共事業費、出資金および貸付金の財源に限って公債の発行や借入金を許容しているのは、「これらの経費、すなわち『公債発行対象経費』はいずれも消費的なものでなく、資産を形成する投資的なものであって、その資産による受益も長期にわたることから、公債の発行や借入金を認めるという形で、負担の世代間の公平を図り、後世代にも相応の負担を求めることを許すとするものと解される」[10)]。

このような健全財政主義を表明した財政法4条と5条が設けられた背景には、「軍事費をまかなうために公債を濫発してこれを日銀に引き受けさせて激しいインフレを招いたことに対する強い反省があった。……すなわち、第4条と第5条は、たんに公債膨張の歯止めを規定しているだけではなく、日本の財政・金融の歴史的体質からでてくる安易な財政膨張の傾向、それを可能にする公債の濫発、その日銀引き受けによる通貨の膨張傾向を予防し、財政規模の膨張と公債の濫発と通貨造出とが安易に結びついてゆくのを予防するところの一般的な財政運営のプリンシプルを示している」[11)]。

このような財政法上の重要な原則である「健全財政主義」は、憲法の財政に関する基本的要請である「世代間の公平」を媒介にして、たんなる法律上の一

---

9) 杉原章三郎『財政法［新版］』（有斐閣、1982年）46頁以下。

10) 石田久和「財政法・解説と現状(2)」時の法令1353号（1989）67頁。

11) 林栄夫「財政法第4条と財政政策の転換」経済評論14巻13号（1965）9頁。

般原則にとどまらず、憲法上の原則として位置づけることができるのである[12),13)]。

(2) 年金問題における世代間の公平

わが国の現行の公的年金制度は、修正積立方式とよばれているが、実質的には賦課方式に近い。少子高齢化の進展に伴う年金改革において1994年の年金改革法では、将来世代の負担が過重にならないようにするために受給世代の給付と現役世代の負担のバランスを確保し、あわせて運用の安定性を確保するための改正が行われた。

また、社会保障関係審議会会長会議『社会保障構造改革の方向（中間まとめ）』（1996年）は、「社会保障構造改革の必要性」の冒頭で、「将来への不安の解消の必要性」をあげ、「経済が低成長基調に変化し財政も深刻化する中で社会保障に投入できる財源の大幅な増加は望めない一方、少子高齢化が急速に進行していること等から、今後の社会保障についての国民の不安が強まっている。このため、今後とも合理的な負担で社会保障を維持することができるという安心した見通しを持てるようにすることが求められている。」としている。そして、「社会保障構造改革の基本的方向」の中で「年金制度においては、将来の現役世代の負担を過重なものとしないよう給付と負担の適正な均衡を確保する。」

12) 碓井光明も、「『実質的意味の憲法』ということになれば、財政法4条に示されている健全財政主義なども、『財政に関する憲法』と言えるであろう。同条第1項にいう『公共事業費』の解釈なども、『憲法解釈の基底』を論ずる際の重要な場面であるのかも知れない。」と述べている（前掲注2）85頁）。なお、同「時間軸から見た国家の役割―行政法、財政法の視点において」公法研究74号（2012）79頁以下参照。

13) ドイツの憲法上の規律の問題を中心に、憲法における財政規律の問題を具体的かつ綿密に検討したものとして、石森久広『財政規律の研究―ドイツ憲法上の起債制限』（有信堂、2018年）参照。ここでは、ドイツにおける「世代間正義」（69、196頁）、「世代間の均衡の原則」（62頁）、「世代間の正当な配分」「将来世代への負担」（24頁）をめぐる議論が検討され、本章で紹介したハベルカテの見解にも言及がある（70頁）。

とした上で、「将来の給付と負担の適正化」として、「公的年金制度は、国民の老後生活の主柱として深く定着しており、国民の連帯による『世代と世代の支え合い』の仕組みにより所得保障の中核を担う制度として、今後ともこれを円滑に運営していく必要がある。公的年金は老後生活の基本部分を確実に支えることをその役割としており、こうした点を踏まえつつ、例えば在職中の高齢者に対する年金給付の在り方を検討することを始め、給付水準と将来世代の実質所得水準との均衡も考慮しながら、将来の負担が過重なものとならないよう給付と負担の適正化等制度全体の見直しを行う。」などの提言を行っている。

いずれにせよ、現行の公的年金制度の抜本的な改革なしには将来、負担と給付の世代間格差は一層拡大し、「このままでは現役世代が退職世代を支えるという『期待』が将来にわたって維持される保証はない」[14)]。

5　結びに代えて

たしかに、財政に関する憲法原理の一つとして、「世代間の公平」を位置づけるとしても、そこから上記のような問題状況に対して直ちに具体的な解決方法が明らかになるわけではない。しかし、次のような問題解決のための指針をうることはできる。

第一に、財政に関する憲法原理として「世代間の公平」を考えることによって、財政に対して他の憲法原理と同じレベルで議論することができ、また、財政以外で検討されてきた憲法原理を直接、財政の議論においても取り入れることができる。たとえば、財政法の健全財政主義が、憲法第9条の「平和主義」を財政的に裏づけるものであることはつとに指摘されているところであるが[15)]、憲法とこれを具体化する法律という関係ではなく、同じ憲法レベルで議

14)　林宜嗣『基礎コース財政学』（新世社、1999年）172頁。なお、全般的に、社会保障制度において将来世代の利益は誰がどのように保障すべきかについては、藤野美都子「国家の役割と時間軸―社会保障」公法研究74号（2012）210頁以下参照。

論することによって、つまり憲法の財政民主主義に一定の内容的規定を行うものであるとすることによって、憲法の平和主義の趣旨がより一層明確なものとなる。

また、従来憲法25条の「健康で文化的に生きる権利」や14条1項の「法の下の平等」で展開されてきた理論を、財政の原理としての「世代間の公平」を媒介として、財政においても生かすことができるようになる。つまり、財政と人権保障規定との結びつきを今より一層密なものとする憲法解釈が可能となるのである。そしてこれによって、財政という性質上、立法者をはじめとする政策決定者の広い裁量を前提とせざるをえないとしても、これを一定程度規律することができるのではないか。

第二に、「世代間の公平」は、立法者を中心とする政策決定者に対して現在生きている人々を一方的に有利に扱うようなことを避け、将来世代の権利・利益を十分に配慮するという義務を課すことになる。現世代の利害調整の場としての議会による財政統制は、現世代が将来世代の利益を考慮する範囲でしか将来世代の利益が考慮されないという構造的問題を抱えている[16)]がゆえに、具体的な政策決定にあたっては、当該政策が世代間の不平等を招来し、「世代間の公平」を害するものではないことを明確かつ十分に説明する義務が政策決定者に課せられることになる。

第三に、したがって、政策決定手続においても将来世代の利益が十分に反映されるように配慮する義務が生じるのである。将来世代の利益は、将来世代が同意することのできるような形で考慮されなければならない。「納税者の権利」は、現世代の納税者の権利だけではなく将来世代の納税者の権利をも射程に入れたものでなければならない。

---

15) 北野弘久「『平和憲法』と戦後日本の税財政制度」同『納税者基本権論の展開』（三省堂、1992年）32頁参照。

16) 神山弘行「財政問題と時間軸—世代間衡平の観点から」公法研究74号（2012）197頁参照。

追　　　録

Eine Studie über Verfassungslehre von *P. Häberle* und ihre Rezeption in Japan

„ Der Freischütz von C. M. v. Weber ist das Arsenal der romantischen Schule für Musik“ (F. Mendelssohn)

目　次

Vorwort

Im Vorwort zum „Handbuch der Verfassungsrechtswissenschaft", der die Errungenschaften der japanischen Verfassungsrechtswissenschaft nach dem Zweiten Weltkrieg und zugleich die Richtlinien für die Verfassungsrechtswissenschaft in der Umwälzungsperiode darstellt, zitiert der Herausgeber, Professor *Y. Higuchi*, den Begriff „Verfassungsgemeinschaft" des 1934 (im selben Jahr wie *Higuchi*) geborenen *P. Häberle*, wie folgt:

„Die japanische Verfassungsrechtswissenschaft steht nun vor der Auseinandersetzung mit dem Gegensatz zwischen dem Unwandelbaren als allgemeinem Wert und dem Wandelbaren als dynamischem Prozess. (...) Einerseits haben Ideen wie Konstitutionalismus, Rechtsstaat und Menschenrechte allgemeine Gültigkeit erlangt, und es ist von der Entstehung einer Verfassungsgemeinschaft zwischen Westen und Osten (*Häberle*) die Rede, andererseits wird jedoch die Selbstverständlichkeit des Nationalstaates zunehmend in Frage gestellt. Darüber hinaus ist eine starke Tendenz festzustellen, die Idee der Menschenrechte vom Standpunkt der Postmoderne sowie des kulturellen Relativismus aus zu relativieren. Aus diesem Grund können Japans Verfassungs-Erfahrungen der Nachkriegszeit als Musterfall einer Rezeption des modernen Konstitutionalismus im nichtwestlichen Kulturkreis angesehen werden. Es ist daher zu erwarten, dass aus diesen Erfahrungen die geschichtliche Bedeutung dieser Vorgänge, die über Japan hinausgeht, einschließlich all ihrer Vor- und Nachteile abzulesen ist."[1)]

Die japanische Verfassungsrechtswissenschaft steht besonders vor dem Zweiten Weltkrieg, aber auch noch danach, unter starkem Einfluss der deut-

---

1) *Yoichi Higuchi* (Hrsg.), Handbuch der Verfassungsrechtswissenschaft Bd. 1, 1994, Vorwort.

schen Verfassungsrechtswissenschaft. Sie rezipiert die deutsche Verfassungsrechtswissenschaft, übernimmt sie jedoch nicht unverändert, sondern modifiziert sie je nach den unterschiedlichen Voraussetzungen in Politik, Gesellschaft und geschichtlicher Situation. Umgekehrt ausgedrückt: Wenn man Rezeption und Übernahme (einschließlich der kritischen Rezeption und Übernahme) der deutschen Verfassungsrechtswissenschaft, die an sich ein Element des Verfassungsstaates nach deutschem Modell darstellt, sowie ihre Modifizierung in Japan kritisch betrachtet, erhält man Klarheit über den Verfassungsstaat nach japanischem Modell sowie über das Wesen der japanischen Verfassungsrechtswissenschaft, die ein Element des japanischen Verfassungsstaates darstellt.

In der vorliegenden Arbeit wird aus dieser Perspektive die Rezeption der deutschen Verfassungsrechtswissenschaft in Japan erörtert, wobei *P. Häberles* Verfassungslehre als Gegenstand der Überlegungen gewählt wurde. Für diese Wahl gibt es mehrere Gründe: Erstens ist *Häberle* „ein Verfassungsrechtler, von dem auch in Japan viele wissenschaftliche Abhandlungen veröffentlicht werden und der gegenwärtig in Deutschland zu den bekanntesten Verfassungsrechtlern zählt.“[2] Zweitens umfasst *Häberles* Verfassungslehre nicht nur Verfassungstheorie, Menschenrechtstheorie, Demokratietheorie und Souveränitätsbegriff, sondern auch Themenbereiche wie Theorie der Verfassungsinterpretation und Theorie der Verfassungsgerichtsbarkeit, also die gesamte Verfassungslehre. *Häberles* Verfassungslehre hat in Japan eine intensive Diskussion vielfältiger Themen angeregt. Und schließlich – und das ist der wichtigste Grund – bringt

---

2) *Yasuyuki Watanabe*, Der Dialog zwischen der Verfassung und der Verfassungstheorie – Eine Untersuchung über die Geschichte der Methode der Verfassungsinterpretation in der BRD (3), in: Kokka Gakkai Zassi (Journal of the Association of Political and Social Scieneces), Bd. 111, Nr. 5/6 (1999), S. 128. Vgl. *Tsuyoshi Hatajiri*, Bibliograhie über *Peter Häberle*, 2 Aufl., in: Jahresbericht über die Forschungen der Josai Universität, Nr. 22/23 (1999), S. 55 ff.

sein Theoriesystem an sich die Akzeptanz von Rechtstheorie und Rechtswesen durch andere Staaten ins Blickfeld.

In diesem Zusammenhang wird in der vorliegenden Arbeit - vor allem auf kritische Ansichten fokussiert - untersucht, wie *Häberles* Verfassungslehre in der japanischen Verfassungsrechtswissenschaft aufgenommen wird.

I *Häberles* Verfassungslehre in Japan

1 Pluralismus

H. Watanabe untersucht, wie sich *Häberles* Demokratietheorie, in der man das dynamische Denken in der deutschen Staats- und Verfassungslehre „am radikalsten und am aktuellsten verwirklicht sehen kann", der sozusagen streitbaren Demokratie gegenüber verhält.

Zuerst bestätigt *Watanabe* das Folgende : Obwohl *Häberle* behauptet, ein Staat vom Typ eines Verfassungsstaates könne nicht bestimmen, was wahr sei, setzt er der Toleranz eines Verfassungsstaates dennoch Grenzen, nämlich durch den grundlegenden Wert der Menschenwürde, die als eine der kulturanthropologischen Voraussetzungen für den Verfassungsstaat zu verstehen ist, oder der freiheitliche Demokratie, die als Konsequenz der verfassungsstaatlichen Systemlehre verstanden wird. Wie kann also diese seine ambivalente Sichtweise von Wahrheit im Bereich der Verfassungstheorie kohärent erklärt werden?[3)]

Auch die Grundrechte, die nach Ansicht *Häberles* der Verfassung als öffentlichem Prozess Substanz geben sollen, sind eigentlich nicht statisch zu verstehen, sondern müssen auf die Verhältnisse der gesamten Gesellschaft bezogen und im Wandel ihrer sozialethischen Werte, also dynamisch, aufgefasst werden. Das

---

3) Vgl. *Hiroshi Watanabe*, Peter Häberle und streitbare Demokratie – Die theoretische Topologie der streitbaren Demokratie in der deutschen Staatsrechtslehre (2), in : Hokenronshu (The Graduate School Law Review) Nr. 90 (1999), S. 370 f.

heißt : Das Wesen der Grundrechte besteht in der Möglichkeit ihrer Interpretation und ihrer Effektivität. Aus diesem Grund ist zur Verwirklichung der von *Häberle* dynamisch verstandenen Verfassung ihre Interpretation in Form von aktiver Beteiligung der Bürger äußerst wichtig. In seiner „offenen Gesellschaft der Verfassungsinterpreten“ muss die „Interpretation der Verfassung“ nicht nur durch Staatsorgane, sondern auch durch alle Bürger, die fähig sind, ihre Verantwortung für die Gestaltung des öffentlichen Lebens wahrzunehmen, erfolgen. Während die Verfassung stets eine neue offene Gesellschaft formt, wird gleichzeitig die Verfassung selbst von dieser offenen Gesellschaft konstruiert. Dies bedeutet bei *Häberle*, dass ein pluralistischer Prozess in der Öffentlichkeit eine mit normbildenden Kräften ausgestattete Verfassung hervorbringt.[4)]

Nach *Häberles* Auffassung von Toleranz und Pluralismus muss auch einer fehlerhaften Interpretation der Verfassung die Möglichkeit garantiert werden, sich durchzusetzen. Umgekehrt kann aber auch der Pluralismus der Verfassung, auf dem *Häberles* Verfassungslehre in ihrer Theorie und Geisteshaltung basiert, prinzipiell kritisiert werden. *Häberle* spricht jedoch auch von einer Grenze der Toleranz des Pluralismus und behauptet, die pluralistische Verfassung müsse sich sowohl inhaltlich als auch prozessual verteidigen, falls eine anti-pluralistische Theorie die den Pluralismus bildenden Momente tatsächlich in Frage stelle.[5)]

Wenn es eine Grenze der Toleranz geben soll, so kann diese angesichts der Unbestimmtheit der Verfassung nicht von Verfassungsinterpreten im weiteren Sinne, sondern nur vom legitimierten Organ, nämlich der Staatsgewalt, gesetzt werden. „Wer zieht also die gesetzliche Grenzlinie für diese Handlung? Wenn man *Häberles* Absicht in Betracht zieht, müsste dies wohl der normative Impakt

---

4) Vgl. *H. Watanabe*, streitbare Demokratie (Fn. 3), S. 372 f.

5) Vgl. *H. Watanabe*, streitbare Demokratie (Fn. 3), S. 377 f.

der Verfassung sein, der sich aus der pluralistischen Öffentlichkeit einer Verfassung ableitet. Wer sich durch die Verfassung, die aus der pluralistischen Öffentlichkeit normbildende Kräfte gewinnt, einer gesetzlichen Kontrolle unterzieht, der kämpft gegen den Feind der pluralistischen Öffentlichkeit, um diese pluralistische Öffentlichkeit, die dem eigenen Handeln seine Grenzen vorschreiben soll, zu schützen. Es scheint mir aber etwas schwer vorstellbar, wie diese außergewöhnliche Leistung erfolgreich ausgeführt werden kann. Kurz: Die Gefahr, diese Abgrenzung könnte vom jeweiligen Machthaber dazu missbraucht werden, unbequeme Personen zu Feinden zu erklären und sich ihrer zu entledigen, wird auf keinen Fall auszuschließen sein."[6]

2 Grundrechtstheorie

In *Häberles* Verfassungslehre erwähnt man in Japan am häufigsten die Grundrechtstheorie. Im Mittelpunkt stehen dabei „institutionelles Grundrechtsverständnis", „sozialstaatliches Grundrechtsverständnis" und „prozessuales Grundrechtsverständnis". Während man *Häberles* Problemstellung und Konzeption allgemein schätzt[7], werden seine theoretischen Schlussfolgerungen vielfach angezweifelt.

Erstens wird auf folgenden Umstand hingewiesen: Dadurch, dass man dem Gesetzgeber radikal große Bedeutung beimisst, verlieren die Freiheitsrechte dem Gesetzgeber gegenüber ihren normativen Charakter.

Obwohl *K. Aoyagi* zum Beispiel einräumt, dass „mehrdimensionale Funktionen der Grundrechte viel zur weiteren Entwicklung der Grundrechtstheorie

---

6) *H. Watanabe*, streitbare Demokratie (Fn. 3), S. 379 f.

7) Zum Beispiel, *Hisao Kuriki*, Die Wandlung der deutschen Staatsrechtslehre, in: Kohokenkyu (Public Law Review), Nr. 38 (1976), S. 98; *Koji Tonami*, Die neue Tendenz in der Grundrechtsinterpretation in der BRD (5), in: Jichikenkyu (Archiv für Kommunalwissenschaft), Bd. 54, Nr. 11 (1979), S. 116.

beitragen", kritisiert er andererseits die Theorie *Häberles*, „es gehe darum, welche Funktionen den Grundrechten zugestanden werden können und in welcher Konstellation ihre Funktion als Verteidigungsrechte und ihre anderen Funktionen erfasst werden können." Nach der institutionellen Grundrechtslehre *Häberle*s wird den Gesetzgebern nicht nur die weit reichende Befugnis zu Einschränkungen der Grundrechte, sondern auch zu deren Gestaltung erteilt. Zwar „versucht Häberle, wenn er sich mit der Freiheit im Gesetz beschäftigt, durch Betonung der aktiven Position des Volkes, nämlich durch Betonung der Grundrechte als prozessualem Beteiligungsrecht des Volkes, die Bevollmächtigung der Gesetzgeber zu ergänzen. Aber es darf nicht gering geschätzt werden, dass die prozessuale Beteiligung des Volkes in einem Sinn eine Funktion der Rechtfertigung des Ergebnisses erfüllt. Auch wenn die prozessuale Beteiligung in genügendem Ausmaß gewährleistet ist, entstehen doch durch den Mehrheitsbeschluss als Entscheidungsmethode notwendigerweise Minderheiten. Besteht der Kern der Grundrechte in den Menschenrechten, die auch durch Mehrheitsbeschluss nicht aberkannt werden können, so ist die Garantie der Grundrechte nicht nur auf die Garantie der prozessualen Beteiligung zu reduzieren. Neben der Garantie der prozessualen Beteiligung ist für reale Freiheit doch die Garantie der Freiheit von der Staatsgewalt unentbehrlich."[8)]

G. Koyama räumt auch ein : Die Auffassung vom „Doppelcharakter" der Grundrechte, die für die gegenwärtige Theorie der Grundrechtsinterpretation in Deutschland charakteristisch ist, verdankt der Lehre *Häberles* viel und „seine Behauptung war so klar und neu, dass es nicht schwer ist, sich vorzustellen, wie diese Behauptung von unseren damaligen Staatsrechtlern begeistert aufgenommen wurde". Dennoch führt er als Problem das Verhältnis zwischen Gestal-

---

8) *Kouichi Aoyagi*, Die Achtung des Individuums und die Würde des Menschen, 1996, S. 135 f.

tung der Institution und Einschränkung der Grundrechte an: „*Häberle* verwendet einen sehr breiten Begriff der Inhaltsgestaltung und behauptet, die Gesetze, die die Grundrechte jedes Einzelnen einschränken, seien auch Inhaltsgestaltungsgesetze. Dadurch verschwindet der Unterschied zwischen Einschränkung und Inhaltsgestaltung, der die Voraussetzung für die Garantie der, Freiheit von der Staatsgewalt' ausmacht. (...) Die Frage, ob es sich um Einschränkung oder Inhaltsgestaltung handelt, führt praktisch direkt zur Art und Weise der Verfassungsmäßigkeitsprüfung des Gesetzes. (...) Während in Japan der Einschränkungs-Gedanke vorherrscht, basieren deutsche Präjudize und herrschende Meinung auf dem Gedanken der Trennung zwischen Einschränkung und Inhaltsgestaltung, wobei *Häberle* offensichtlich dem Gedanken der Inhaltsgestaltung den Vorzug gibt. So ist zu verstehen, dass vor allem Japans Verfassungsrechtler *Häberle* gegenüber Sympathie, zugleich aber auch starke Befürchtungen hegten."[9)]

Zweitens: Es geht um „Verdünnung der Freiheit zur Selbstbestimmung". In Bezug darauf, wo der Ausgangspunkt der Inhaltsgestaltung zu suchen sei, führt *Koyama* als „das größte Problem der *Häberle'schen* Lehre auf der theoretischen Ebene" die „Verdünnung der Freiheit zur Selbstbestimmung" an. „In der institutionellen Grundrechtstheorie wird die Selbstbestimmung jedes Einzelnen nicht immer als solche geachtet. Selbstbestimmung entzieht nicht sich eher der Bewertung auf Grund der objektiven Idee der jeweiligen Grundrechte. (...) Die Grundrechte beruhen auf einer objektiven Idee, die sich in einer anderen Dimension befindet als die subjektive Dimension jedes Einzelnen. Diese Idee ist nicht nur der Maßstab der Institution, die sein soll, sondern auch der Maßstab zur Bewertung der Selbstbestimmung jedes Einzelnen. In diesem Fall erfüllt der

9) *Go Koyama*, Weitere Entwicklung der institutionellen Grundrechtstheorie, in: Jurist Nr. 1089 (1990), S. 66.

Doppelcharakter der Grundrechte eine Funktion, die erfordert, in die selbstbestimmte Ausübung der betreffenden Grundrechte zu intervenieren. (...) In der institutionellen Grundrechtstheorie definiert die Institution nicht nur die Grundrechte, sondern auch die Art und Weise ihrer Ausübung. Es ist also nicht unbegründet, wenn an *Häberle* kritisiert wird, er betreibe die Verpflichtung der Freiheit."[10)]

3 Die offene Gesellschaft der Verfassungsinterpreten

In seiner Untersuchung zur Theorie der Verfassungsinterpretation in Deutschland nach dem Zweiten Weltkrieg erörtert *Y. Watanabe* bei der Behandlung der Theorie der Verfassungsinterpretation der Smendschule die Lehre *Häberles* in ausführlicher Weise. *Watanabe* prüft zunächst, in welcher Form *Häberles* „offene Gesellschaft der Verfassungsinterpreten" (Verfassungsinterpretation und -interpreten im weiteren Sinne) die Basis für die Verfassungsrechtslehre (Verfassungsvorverständnis und Prinzipien der Verfassung) und der Theorie der Verfassungsgerichtsbarkeit darstellt und in welcher Form sie konkrete Konsequenzen bietet, und er befürchtet: „Das größte Problem bei *Häberle* ist, dass seine Lehre, nicht nur die Verfassungsinterpretation, sondern darüber hinaus Verfassung und Verfassungsgebung als offenen Prozess und öffentlichen Prozess aufzufassen, zur übermäßigen Dynamisierung der Verfassung oder zur Missachtung der Verfassung als Norm führen könnte."[11)] So resümiert *Watanabe*, dass diese Befürchtungen auch bestehen bleiben, nachdem er die Konsenstheorie, die „beteiligte Demokratie" und die „pluralistische Demokratie", auf denen der Begriff der „Verfassungsinterpretation und – interpreten im weiteren Sinn" basiert, untersucht hat.[12)]

---

10) *Koyama*, Entwicklung der institutionellen Grundrechtstheorie (Fn. 9), S. 66 f.

11) *Y. Watanabe*, Der Dialog zwischen der Verfassung und der Verfassungstheorie (Fn. 2), S. 137.

4 Verfassungsrechtswissenschaft als Kulturwissenschaft

Dass „Verfassungsrechtswissenschaft als Kulturwissenschaft“ eine einflussreiche Theorie darstellt, die das Fundament eines freiheitlichen Staates bildet, und dass die Verfassung eines Staates Teil der Kultur im weiteren Sinn ist und von dieser gestützt wird, diese Tatsachen - so räumt *T. Mori* ein - seien intuitiv zu verstehen. Darüber hinaus schätzt er am Begriff „Verfassungsrechtswissenschaft als Kulturwissenschaft“, dass damit der Wert eines Verfassungsstaates anerkannt werde, da Kultur Pluralität und Offenheit benötigt.[13)] Gleichzeitig weist er jedoch darauf hin, dass die Behauptung, die Bedeutung der Verfassung liege in ihrer Integrationsfunktion als Symbol für den Staat, auch eine Gefahr in sich birgt: Da ein Symbol ursprünglich eine emotionale, unkritische Verknüpfung mit dem Gegenstand voraussetzt, könnte eine Theorie, in der das Symbol ein wesentliches Element der kulturellen Identität darstellt, Kritik an dem Gegenstand von vornherein unmöglich machen. *Häberle*, der kultureller Pluralität und Offenheit Priorität einräumt, versuche nicht durch das gegebene Bewusstsein der Einheit, sondern durch freie kulturelle Entwicklung der Gemeinschaft einen freien Staat „stets neu“ zu begründen. „Damit hat sich *Häberle* aber ironischerweise auf gefährliches Terrain begeben. Wenn man nämlich das Fundament eines Verfassungsstaates grundsätzlich in der Kultur, einschließlich ihrer Symbol-Wirkung sehen will, kann man diese Gefahr letztlich nicht ausschließen. Radikal ausgedrückt wird eine emotionale Integration in den Staat als politische Gemeinschaft grundsätzlich in Frage gestellt. Motive für die Schaffung eines Staates sind zwar selbstverständlich nicht nur rationaler oder reflexiver Art, (...)

---

12) Vgl. *Y. Watanabe*, Der Dialog zwischen der Verfassung und der Verfassungstheorie (Fn. 2) (4), Bd. 112, Nr. 7/8 (2000), S. 41 ff.

13) Vgl. *Toru Mori*, Eine normative Demokratietheorie – Über die Möglichkeit des Verfassungspatriotismus, 2002, S. 31.

doch es scheint nichts anderes als eine reflexive Identität zu sein, was sich an die spezielle Staatsform des Verfassungsstaates knüpft."[14)]

II Einige Überlegungen

1 Umfang

Ein wichtiges Charakteristikum der *Häberle'schen* Verfassungslehre besteht in seiner weiten Sichtweise und in der untrennbaren Verbindung der einzelnen Elemente seiner Lehre. Wie erwähnt, sind bei der *Häberle'schen* Verfassungslehre Verfassungsrechtstheorien (Verfassungsbegriff, Prinzipien der Verfassung), Theorie der Verfassungsinterpretation und Theorie der Verfassungsgerichtsbarkeit in Form einer Trias eng miteinander verbunden, und jedes dieser drei Elemente kann in Bezug auf die anderen sowohl als ihre Basis wie auch als konkrete Schlussfolgerung aufgefasst werden. Das heißt: die (1) Verfassungsrechtstheorie, nämlich Verfassungsbegriff (Verfassung als rechtliche Grundordnung von Staat und Gesellschaft - Verfassung als Gesellschaftsvertrag) bildet für die Theorie der Verfassungsinterpretation (Verfassungsinterpretation und -interpreten im weiteren Sinn) und die Theorie der Verfassungsgerichtsbarkeit einerseits die Grundlage, andererseits sind diese auch als ihre konkreten Ergebnisse anzusehen. Mit anderen Worten liefert *Häberles* Argumentation über die Prinzipien der Verfassung (pluralistische Gewaltenteilung, pluralistische Demokratie und prozessuales Grundrechtsverständnis) die Grundlage der Theorie der Verfassungsinterpretation (Verfassungsinterpretation und -interpreten im weiteren Sinn) und der Theorie der Verfassungsgerichtsbarkeit und verkörpert gleichzeitig deren konkrete Schlussfolgerung. In gleicher Weise ist (2) die Theorie der Verfassungsinterpretation (Verfassungsinterpretation und -inter-

14) *Mori,* Normative Demokratietheorie (Fn. 13), S. 34.

preten im weiteren Sinn) für die Verfassungstheorien und die Theorie der Verfassungsgerichtsbarkeit gleichzeitig Grundlage und konkrete Schlussfolgerung, und (3) seine Theorie der Verfassungsgerichtsbarkeit liefert den Verfassungsrechtstheorien und der Theorie der Verfassungsinterpretation Grundlage und konkreten Schlussfolgerungen. So bildet diese eng verwobene Textur den „Typus Verfassungsstaat". Auch innerhalb der Verfassungsrechtstheorie zum Beispiel stehen alle Postulate des Verfassungsbegriffs, der Demokratietheorie, der Souveränitätstheorie und der Menschenrechtstheorie organisch miteinander in Verbindung. Und das Charakteristikum der *Häberle'schen* Verfassungslehre besteht gerade darin, dass dieser Zusammenhang plastisch und mehrschichtig ist und dass die Gültigkeit und Überzeugungskraft jeder einzelnen Behauptung gerade in der plastischen, mehrschichtigen Verbindung mit den anderen liegt.

In diesem Sinn sind bei *Häberle* Verfassungsrechtstheorie, Verfassungsbegriff, Demokratietheorie, Souveränitätstheorie und Menschenrechtstheorie, Theorie der Verfassungsinterpretation und Theorie der Verfassungsgerichtsbarkeit – selbst wenn diese einzeln untersucht werden – stets im plastischen, mehrschichtigen Zusammenhang zueinander zu verstehen.

2 Forderungen der Zeit

Wenn man *Häberles* mannigfaltige und fruchtbare Forschungstätigkeit chronologisch betrachtet, kann man einen zeitlichen Wandel seines Problembewusstseins feststellen. Ende der 70er bis Anfang der 80er Jahre konzentrieren sich seine wichtigsten Abhandlungen vorwiegend auf die verfassungstheoretischen Themenbereiche. Darauf folgen die Arbeiten über verfassungstheoretische Themenbereiche wie Grundrechtstheorie, Interpretationstheorie der Grundrechte und Verfassungsgerichtsbarkeit. In den 80er Jahren kommt der kulturwissenschaftliche Ansatz hinzu.

Dieser Ansatz knüpft an vergleichende Studien an, und seit der Grundgesetzänderung anlässlich der Deutschen Einigung, der Verfassungsbewegung in den fünf neuen Bundesländern und der Verfassungsgebung in Osteuropa schlägt *Häberle* die Verfassungsrechtstheorie als Kulturwissenschaft vor, und in deren Rahmen verifiziert er mittels Textstufenanalyse die weltweite Produktion und Rezeption des Verfassungsstaates. So kann man ein wichtiges Charakteristikum der Verfassungslehre *Häberles* darin sehen, dass seine theoretischen Vorschläge zwar immer den Fragen der aktuellen Situation vorangehen, schließlich aber den Forderungen der Zeit entsprechen.

Koyama bewertet *Häberles* institutionelles Grundrechtsverständnis, wie folgt: „Vor *Häberle* gab es Verfassungsrechtler, die unter dem Grundgesetz versucht hatten, den institutionellen Begriff und das Verhältnis zwischen Institution und Freiheit wieder herzustellen, und es gab auch die Ansicht, aus der freiheitlichen Grundrechtsbestimmung seien noch andere rechtliche Bedeutungen als die des Abwehrrechts abzuleiten. Das Neue bei *Häberle* ist, dass er sich mit dieser Meinung durchsetzen konnte."[15] *I. Nishiura* erkennt auch an, dass *Häberles* Verfassungslehre „auf Grund der pluralistischen Öffentlichkeit den pluralistischen und offenen Verfassungsbegriff gründlich entwickelt hat."[16] Dass die Verfassungslehre *Häberles* meist als „gründlich" bewertet wird, hat mit dem Charakteristikum seiner Verfassungslehre, jeweiligen Zeitfragen gegenüber diverse theoretische Vorschläge zu machen, zu tun. Kurz gesagt, „konnte *Häberle* in der Zeit von Ende der 60er bis Anfang der 70er Jahre, in der sich die Bundesrepublik als Staat politisch und sozial im Fluss befand und Hochstimmung in der Öffentlichkeit herrschte, seine Theorien entwickeln. In diesem Sinn könnte man sagen, dass seine radikale Gründlichkeit der Zeit entsprach."[17]

---

15) *Koyama*, Entwicklung der institutionellen Grundrechtstheorie (Fn. 9), S. 68.

16) *Isao Nishiura*, Verfassungstheorie von Peter Häberle, in: Die Vielfalt der modernen Rechtstheorie, 1992, S. 20.

3 Mehrschichtige Textur

Häberle drückt Problembewusstsein, neue Fragestellungen und Perspektiven in eigenen Termini oder in kurze Redewendungen aus, was den Leser fasziniert. Andererseits wird wiederholt darauf hingewiesen, dass die Bedeutung seiner neu gebildeten Wörter nicht immer klar, dazu fragmentarisch und nicht systematisch sei: „Die häufig auftretenden Schlagwörter wie ‚der Typ Verfassungsstaat', ‚freiheitliche Demokratie' und vor allem ‚pluralistische Verfassung' bleiben in dem vorliegenden Buch stets fragmentarisch, und das systematische Gesamtbild wird nicht immer deutlich."[18] Oder „es scheint darauf hingewiesen zu werden, dass es *Häberle* sowohl an Genauigkeit bei der Verwendung von Begriffen als auch an distanzierter Gelassenheit fehle. Dies ist neben seinem ‚Optimismus' ein Charakteristikum, das mehr oder weniger für seine Verfassungsrechtswissenschaft in ihrer Gesamtheit gilt."[19]

Wie oben erwähnt, sind in *Häberles* Verfassungslehre einzelne Behauptungen und deren Argumentationen plastisch und mehrschichtig miteinander verbunden. Für diese Textur ist der Ausdruck „Trias", den *Häberle* oft verwendet, charakteristisch. In seinem Aufsatz „Grundrechte im Leistungsstaat" erläutert er: „Die Hebelwirkung des materiellen Gleichheitssatzes zugunsten sozialer Freiheit bedarf der Präzisierung: Die Trias von Menschenwürde, Sozialstaat und egalitärer Demokratie verlangt, dass im gesellschaftlichen Gesamtzusammenhang ein Optimum an realer Freiheit (Hesse) aller erreicht wird. Das bedeutet: Der Leistungsstaat muss Voraussetzungen und Bedingungen dafür schaffen, dass alle tatsächlich von der Freiheit gleichen Gebrauch machen

17) *H. Watanab,* streitbare Demokratie (Fn. 3), S. 364.

18) *H. Watanab,* streitbare Demokratie (Fn. 3), S. 372.

19) *Y. Watanabe*, Der Dialog zwischen der Verfassung und der Verfassungstheorie (Fn. 2), S. 48.

können. Freiheit ist ohne die tatsächlichen Voraussetzungen, sie in Anspruch nehmen zu können, wertlos."[20] *Häberle* erläutert weiterhin : Den Verfassungsstaat charakterisiert die republikanische Bereichstrias, die sich aus dem staatlichen Bereich, dem gesellschaftlich-öffentlichen Bereich und dem privaten Bereich zusammensetzt.[21] Darüber hinaus sieht er das Verfassungsgericht in der – freiheitssichernden – Trias des Pluralismus, d.h. von Grundrechten, Gewaltenteilung und Föderalismus,[22] und er betrachtet das Staatsbild, das Weltbild und das Menschenbild als die Trias, die die Staatsrechtslehre begründet.[23] Dabei ist jede einzelne Trias als ein Element einer anderen Trias in ein neues Ganzes integriert. Wenn diese mehrschichtige Textur einmal irgendwo aufgebrochen wird, macht dies das Fehlen einer systematischen Geschlossenheit deutlich oder weist auf die fragmentarische Beschaffenheit der Textur hin.

4 „Sowohl-als-auch"

a) Auf Grund des Gedankens, Souveränität sei immer eine geschichtliche Antwort auf eine bestimmte geschichtliche Problemlage gewesen, richtet *Häberle* die Souveränität an sieben Richtpunkten aus. Dabei kritisiert er : In den bisherigen Diskussionen über diese Richtpunkte „setzen sich die einzelnen Autoren oft polemisch voreinander ab, indem sie im Entweder-oder-Stil denken. Meist fehlt die rechte Mitte."[24]

---

20) *P. Häberle*, Grundrechte im Leistungsstaat, in : *ders.*, Die Verfassung des Pluralismus, 1980, S. 181.

21) Vgl. *P. Häberle*, Der Verfassungsstaat in kuluturwissenschaftlicher Sicht – Vorlesungen im Japan 1999, 2002, S. 252.

22) Vgl. *P. Häberle*, Verfassungsgerichtsbarkeit als politische Kraft, in : *ders.*, Verfassungsgerichtsbarkeit zwischen Politik und Rechtswissenschaft, 1980, S. 61.

23) Vgl. *Häberle*, Grundrechte im Leistungsstaat (Fn. 20), S. 206.

24) *P. Häberle*, Zur gegenwärtigen Diskussion um das Problem der Souveränität. – Zugleich Besprechung von Werner von Simson „Die Souveränität im rechtlichen

Y. Watanabe bemerkt: „Man kann feststellen, dass es in den *Häberle'schen* Diskussionen ungeachtet der Zeit dynamische und statische Elemente gibt. Es ist verständlich, dass man ihn als ‚Meister des Sowohl-als-auch' bezeichnet."[25] Einen ähnlichen Hinweis findet man auch bei *H. Watanabe*: „Oder dürfen wir uns nach dem Sowohl-als-auch-Denken auch in der Logik des pluralistischen Staates sowie der Verfassungstheorie nicht mit dem Entweder-oder-Denken durchsetzen? Dann kann ich, vielleicht wegen meiner geistigen Intoleranz, diese Argumentationsweise nicht logisch finden. Ist es denn übertrieben, wenn ich sage, es sei ein kleiner Unterschied, ob man diese Denkweise für das ausgewogene Gefühl eines praktizierenden Juristen, für einen Weg der goldenen Mitte aus Abscheu gegen den nazistischen Reinlichkeitsfimmel oder für geistige Charakterlosigkeit, die alles zulässt, hält?"[26]

Nach *Häberle* kann das Entweder-oder-Denken zu einer Form geistiger Intoleranz werden, daher muss ein Sowohl-als-auch-Denken, das Ausdruck von Toleranz und Pluralismus ist, angewendet werden. Denn „betrachtet man den Konsens vom Standpunkt des Pluralismus aus, ist dieser Konsens als einer, der auf einer harmonischen Koexistenz unterschiedlicher Meinungen basiert, zu verstehen. Die Verfassungslehre, die solchen Konsens voraussetzt, begegnet prinzipiellen Fragen gegenüber nicht mit Entweder-oder, sondern mit Sowohl-als-auch."[27]

b) *Häberle* verwendet gern die Methode des „Begriffs im weiteren und engeren Sinn". Das bedeutet, er behält den bereits vorhandenen Sinn eines

---

Verständnis der Gegenwart", 1965, in: *ders.*, Verfassung als öffentlicher Prozeß, 3. Aufl. 1998, S. 370.

25) *Y. Watanabe,* Der Dialog zwischen der Verfassung und der Verfassungstheorie (Fn. 2), S. 52.

26) *H. Watanabe,* streitbare Demokratie (Fn. 3), S. 379.

27) *Hisao Kuriki,* Konsens im Verfassungsrecht (1), in: Hogaku Zasshi (Journal of Law and Politics of Osaka City University), Bd. 28, Nr. 1 (1981), S. 8.

Wortes als „engeren Sinn“ bei und verleiht dem Wort zusätzlich einen neuen Sinn, den er als „weiteren Sinn“ bezeichnet. Als repräsentatives Beispiel kann „Verfassungsinterpretation und -interpreten im weiteren und engeren Sinne“ angegeben werden. Er schreibt : Auf diese Weise wird der Begriff „Verfassungsinterpretation“ weit verstanden : „Er umschließt neben der üblichen Bedeutung im engeren Sinne, der juristischen, insbesondere durch die Gerichte, die weitere, an der viele aktiv und passiv Betroffene, letztlich alle im politischen Gemeinwesen beteiligt sind. Sie alle verlebendigen das GG i.S. der Constutitutional law in public action.“[28] Was *Häberle* hier vor allem betont, ist nicht die Tauglichkeit des Begriffs „Verfassungsinterpretation und –interpreten im weitern Sinne“ an sich, sondern die Tauglichkeit einer Denkweise der Wechselwirkung zwischen dem Begriff im weiteren Sinn und dem Begriff im engeren Sinn. Das heißt : „Bewusst wird auch die Verfassungsinterpretation im weiteren Sinne als ‚Interpretation‘ bezeichnet. Schon terminologisch soll damit die Brücke geschlagen werden zwischen dem Bürger (als Interpreten) und dem juristischen Fachinterpreten, zwischen dem juristisch relevanten Verhalten (der gelebten Interpretation) des Bürgers und der, gekonnten‘ und, wissenden‘ (d. h. rational begründeten und konsenstauglichen) Interpretation des ‚Zünftigen‘ und ‚Berufenen‘. Das von ihnen gemeinsam erreichte Gesamtergebnis ist pluralistische Verfassungsinterpretation.“[29] Mit der Verwendung des Begriffs „im weiteren Sinn“ und „im engeren Sinn“ will *Häberle* also nicht den semantischen Inhalt eines Begriffs erweitern, sondern es soll durch eine Perspektive der Reziprozität zwischen dem Begriff im weiteren Sinn und dem Begriff im engeren Sinn eine Sache, nämlich die Sachlage der Verfassung, umfassend und organisch erklären werden.[30]

---

28) *P. Häberle*, Verfassungsinterpretation als öffentlicher Prozeß - ein Pluralismuskonzept, in : *ders.*, Verfassung als öffentlicher Prozeß, 3 Aufl. 1998, S. 123 f.

29) *Häberle*, Verfassungsinterpretation (Fn. 28), S. 124.

5 die Humboldtsche Vorstellung

Die charakteristische Eigenschaft der *Häberle'schen* Verfassungslehre, wie oben erwähnt, habe ich auch in seinem Seminar gefunden. Themen des Seminar sind im Wintersemester 90/91 z. B. „Staat und Staatsangehörigkeit", „Rechtsstellung eines fraktionslosen Abgeordneten", „Die neuen ostdeutschen Länderverfassungen und Verfassungsentwürfe", „Die neue-alte-Verfassung Ungarns (1949/89) sowie der CSFR", „Widerruf einer Gaststättenerlaubnis wegen Verdachts des Rauschgifthandels und -konsums in der Gaststätte", „Abschleppen eines auf dem Gehweg parkenden Fahrzeugs" usw. Nach dem Referat und daran anschließenden kürzeren Fragen und Antworten läuft die Diskussion gemäss der von Professor an der Wandtafel geschriebenen Liste der Schwerpunkten. Der Inhalt der Debatte umfasst über juristische Probleme hinaus z.B. historische, künstlerische, philosophische, theologische oder geographische Erörterungspunkte. Trotz der vielseitigen interdisziplinären Aspekte werden alle juristisch notwendigen Punkte innerhalb der Seminarstunde debattiert. *Häberle* stellt die Frage, bringt verschiedene Aspekte und Schwerpunkte in Ordnung, hört bescheiden und demütig die Aussprache zu und fordert mit der sorgfältigen Anweisung und die beste Seite der Teilnehmer heraus. Diese Art und Weise seiner Seminarführung ist mit der des guten Dirigenten vergleichbar, der den unterschiedlichen Charakter jedes Spielers versteht, sie am besten spielen lässt und die gesamte Töne harmonisiert.

Mit Stolz hat der Professor mir einmal gesagt, dass die geistige Tradition seines Seminars von der des Seminars *Rudolf Smends* herrührt, als ich ihm diese wunderbare Impression seines Seminars geäußert habe. Ein Artikel zum

---

30) Vgl. *Häberle,* Grundrechte im Leistungsstaat (Fn. 20), S. 188 (201) ; *ders.*, Verfassungsinterpretation (Fn. 28) S. 195 ff.

Gedächtnis für *Smend* zeigt uns, wie sein Seminar war. „*Smend* war ein großartiger akademischer Lehrer. Die eigentliche Stätte seiner akademischen Wirksamkeit war das Seminar, in dem zwei Gesetze galten : einerseits das die unausgesprochene, in seiner Person aber stets gegenwärtige, äußerste wissenschaftliche Anforderung, und in diesem Rahmen andererseits, und unbehindert von persönlichen Autoritätsansprüchen, die vorbehaltslose Freiheit und Gleichheit in Problembehandlung, Diskussion und Kritik abgesehen nur von der Leitungsfunktion, die sich aus seinem, freilich stets in den Dienst der gemeinsamen Sache gestellten, universalen Wissen ergab. Wenn die Humboldt'sche Vorstellung von den Lehrenden und Lernenden, die gleichberechtigt , beide nur für die Wissenschaft da sind, je eine Realität war, so war sie es in der Person *Rudolf Sends*". Solche Realität sehe ich auch in der Person *Peter Häberles.*

Schlusswort

Wie wir gesehen haben, kann die aufgezeigte Problematik der *Häberle'schen* Verfassungslehre wie ihre „Ausdehnung", „Offenheit", „Gründlichkeit" und ihr „Sowohl-als-auch" gleichzeitig als deren charakteristische Eigenschaft bezeichnet werden. Dies liegt vor allem daran, dass *Häberle* die Verfassungsfrage total und umfassend zu begreifen versucht[31)] : Der Umfang ist so weit, dass seine Lehre alle Bereiche der Verfassungsrechtswissenschaft abdeckt. Darüber hinaus bringt *Häberle* vom Grundbegriff der Staatslehre bis zu aktuellen Fragen der Gegenwart ganz Unterschiedliches ins Blickfeld : Grundfragen wie Menschenrechte, aber auch Themen wie „Sport", „Feiertage" oder „Umzug der Hauptstadt". Tatsächlich hat *Häberle* „der Staatsrechtslehre neue Problemfelder

31) Vgl. *H. Kuriki,* Die Bemerkung zu Peter Häberle, Verfassungslehre im Kraftfeld der rechtswissenschaftlichen Literaturgattungen : zehn Arbeitsthesen, in : Jurist Nr. 976 (1991), S. 66.

und neue Betrachtungsweisen eröffnet oder diese weiterentwickelt."[32] Seine Theorie ist vom Bestreben durchsetzt, die aktuellsten Fragen der jeweiligen Zeitepoche zur Diskussion zu stellen. Zur Lösung dieser Fragen kommt niemand an seiner Theorie vorbei, ob er sie nun akzeptiert oder nicht.

Außerdem ist zu bemerken, dass seine Fragestellungen ein „Denkmodell" zur Erfassung des jeweils gegenwärtigen Status quo vorschlagen und zwar in Form von geschickten, lakonischen Neubildungen von Begriffen. *Häberle* drückt Problembewusstsein, Fragestellungen und Perspektiven in eigenen Termini oder in treffenden Wendungen aus, was faszinierend zu lesen ist. Eines der reizvollsten Elemente der *Häberle'schen* Lehre ist, dass bei seiner Behandlung mannigfaltiger Themen die verschiedenen Problembereiche miteinander organisch verbunden werden, wobei seine eigenen Neologismen wie „Verfassung als öffentlicher Prozess", „Verfassung als Gesellschaftsvertrag" und „Verfassungsgemeinschaft" als Vermittler fungieren. Diese Termini, die die Behauptungen *Häberles* bündig ausdrücken, entwickeln sich sozusagen als Leitmotive, und diesen Termini werden auf diversen Ebenen neue Bedeutungen gegeben.

Kurz : *Häberles* Verfassungslehre ist kein zweidimensionales, „geschlossenes" System, sondern ein plastisch und mehrschichtig zusammengefügtes „offenes" System, das allen Verfassungsrechtlern die Weiterentwicklung seiner Thesen ermöglicht. Tatsächlich ist häufig festzustellen, dass die von *Häberle* vorgeschlagenen Problembereiche oder sein Problemaufriss von der nachfolgenden Generation auf präzise Weise systematisch vervollständigt und vollendet wurden.

Wenn man *Felix Mendelssohn* zum Vorbild nimmt, kann man sagen, die Verfassungslehre *Häberle*s sei sozusagen ein Arsenal, das man unbedingt nutzen müsse, um über die Aufgaben der gegenwärtigen japanischen Verfassungsrechtswissenschaft Klarheit zu erlangen.

32) Frankfurter Allgemeine Zeitung von 13. Mai 1994, S. 4.

あとがき

本書は、私がこれまでに発表してきたペーター・ヘーベルレに関する論稿をまとめたものである（初出一覧参照）。本書は、独文以外、その時々に発表した論稿に不十分ながらその後の学界の成果を反映させる形で最小限の加筆を行った上で、論文集として必要な表記の統一をはかった。

今回の作業を通して、あらためてヘーベルレ憲法論の大きさと深さを知るとともに、自らの理解の不十分さを痛感することとなった。この意味で本書は、私のヘーベルレ研究の「集大成」というものではなく、次のステップのための「中間報告」にすぎない。

私がヘーベルレの憲法論にはじめて接したのは、P. Häberle (Hrsg.), Verfassungsgerichtsbarkeit, Darmstadt, 1976であった。本書は、ワイマール憲法時代から1970年代初頭までの憲法裁判に関する重要かつ著名な論稿がヘーベルレのすぐれた選択眼によって選ばれたアンソロジーである。ドイツの憲法裁判制度の歴史と理論に関心をもっていた私は、まずはそこに集められた各論稿に興味をもち読みはじめたが、しだいにその巻頭にある大部（45頁）の「序文(Vorwort)」に魅せられていった。決して読みやすいというわけではない、いやむしろ難解な文章の行間から読みとることができたヘーベルレの憲法裁判論は、広範かつダイナミックで知的刺激に満ちたものであった。後に分かったことであるが、本論文は、質・量ともに憲法裁判に関するヘーベルレの最も重要かつ基本的な論稿であった。

その後、大学からの留学の機会を得てその滞在先を検討していた際に、当時すでに日本でもその名が知られていたヘーベルレに紹介なしに直接手紙を書いたところ、幸運にもすぐに受入れを認めるとの返信があった。今から振り返ると、「僥倖」以外のなにものでもない。そして、1989年4月から1年間バイロイト大学でお世話になった。その時のゼミナールでの一コマは最後に記すが、時あたかも前年に壁が崩壊してから統一に至るドイツにとっての激動の1年、当時の東ドイツとの国境に近い大学の内と外での貴重な体験は今でも私のかけがえのない財産となっている。

また、私が所属するドイツ憲法判例研究会（栗城壽夫・戸波江二前代表、現鈴木秀美代表（慶應義塾大学教授））を通しての交流も非常に有益なものであった。1999年10月16日から30日まで、日本学術振興財団（JSPS）とドイツ憲法判例研究会などの招きで、ヘーベルレは、当時助手であった、本書でも何度も登場するM.コッツァーとともにはじめて来日し、東京、大阪、名古屋で講演を行った。その講演と交流は、Verfassungsstaat（井上・畑尻編訳）にまとめられている。そして、2005年9月1日から3日まで、ドイツ憲法判例研究会は、ヘーベルレが所長を務めるヨーロッパ憲法研究所との共催でバイロイトにおいて、国際シンポジウム「人権保障のグローバル化――地域的、国家的、普遍的な人権保障」を開催した。ドイツ側からは、ヘーベルレと、M.コッツァー、ローター・ミヒャエル（L. Michael）（現デュッセルドルフ大学教授）ほかが報告を行った。

これらさまざまな交流を通して、深い学識と、繊細ではあるが同時に温かく大きな人柄を感じることができた。

ヘーベルレに関するさまざまな仕事のうち、特に印象深いのは、ペーター・ヘーベルレ著／畑尻剛・土屋武編訳『多元主義における憲法裁判――P.ヘーベルレの憲法裁判論』（中央大学出版部、2014年）である。ヘーベルレとの最初の出会いである「憲法裁判の基本問題」を不十分な形で翻訳・発表して以来、彼の憲法裁判に関する主要論文を選択し、これを体系的に翻訳して一冊の本にまとめたいという願いはずっともっていた。しかしなかなか実現できなかったところ、本論文集においても、貴重なご助言をたくさんいただいた土屋武先生（中央大学准教授）という最上の研究仲間（コレーゲ）をえて、計画が急速に進展することになった。選択した論文とその章立てをヘーベルレに提案して翻訳の許可を求めたところ、快諾された上に前書きまでいただいた。そればかりでなく、翻訳集出版と同年の2014年には、翻訳集と同じ構成で、それに2本の論文を追加したヘーベルレ自身の論文集が刊行された。

Verfassungsgerichtsbarkeit – Verfassungsprozessrecht : Ausgewählte Beiträge aus vier Jahrzehnten, Schriften zum Öffentlichen Recht, Bd. 1275 2014. 270 S.

この論文集の序文で、その公刊のきっかけとして私たちの翻訳集をあげ謝辞が示された。私たちがヘーベルレの憲法裁判論を検討するために必要不可欠であるとした論稿の選択が、その構成を含めて、このような形でヘーベルレ自身に認められたことは、私たちにとって非常に名誉なことであった。また、この翻訳集に続く本書が、このようなヘーベルレの配慮に対するいくばくかの返礼になれば、望外の喜びである。

本書の刊行にあたっては、「多元主義における憲法裁判」に続き、今回も日本比較法研究所のお世話になった。伊藤壽英所長をはじめ所員の皆さんのご理解と援助に心から感謝したい。また、出版部編集担当の小島啓二さんは、わたしのさまざまな要求にも編集者としての矜持をもって柔軟かつ適切に対処してくださった。

さらには、本書への転載を快く承諾された、中央大学出版部、尚学社、Mohr Siebeck 社、日本評論社、信山社、勁草書房には、記して感謝の意を表する。

1990 年のバイロイト大学留学から帰国後、大学の紀要（城西大学経済学会報 15 号（1991））に短い滞在記を書いた。その中でゼミナールについて述べた部分を最後にここに再録して、この小著を閉じることにする。

> 先生の主宰するゼミナールは、週 1 回月曜日の午後 7 時から 9 時 30 分ごろまで、1 ヵ月に 1 回はその後に町へくり出してはなじみの店で深夜まで話を続ける。ゼミには法学部の学生のほかに、助手、卒業生、韓国・フランス・旧東独・東欧・ギリシアなどからの留学生らが参加し、常時 20 名ほどである。ゼミ単位の取得をめざす、だいたいが 3 ゼメスターから 5 ゼメスターの学生は、その学期の前に先生の研究室の前に掲示されるテーマの中から興味のあるものを選択し報告者として登録する。したがって学期開始時には、その学期中のゼミナールの報告者と発表テーマが決まっている。たとえば、90／91 年冬学期の報告テーマをみると、「国家と国籍」

「党籍を離脱した連邦議会議員の法的地位」の「新しい東ドイツの各州憲法と憲法草案」、「新旧ハンガリー憲法」、「麻薬所持を理由とする宿屋の営業停止処分」、「交通違反者のレッカー車による移動をめぐる法律問題」などであり、その他、テュービンゲン大学のヴィッツム教授が「国家と詩人」と題して特別講演を行い、冬学期最後のゼミでは特別に刑法のゼミと共同で「連邦制」がテーマとなった。

ゼミの議論は、冒頭に報告者の報告についての簡単な質疑応答がなされた後は、先生がその日の黒板に書く論点表にそって進められる。出欠はとらず助手がメモした発言者の氏名をもとに議論の内容を先生がチェックする。議論の内容は、法解釈学の領域にとどまらず、歴史、芸術、哲学、神学、地理学など多方面にわたる。たとえば、「麻薬所持を理由とする宿屋の営業停止処分」という連邦行政裁判所の判例がテーマとなったゼミでは、前半のほとんどは麻薬が芸術、特に文学に果たした役割についての積極的評価と消極的評価の論争であり、参加者から次々とその実例が紹介されそれについてまた喧々がくがく……。しかし、2時間30分のゼミが終わってみると本来のテーマである行政判例に関する法律上の論点についてもきちんと議論されており、しかも多方面にわたる議論と本来のテーマとが有機的に結びついているのである。問題を提起し、論点を整理し、参加者の発言に謙虚に耳を傾けながら同時にきめの細かな指導によってその学生の最も良い部分を引き出す。ちょうどそれは、各楽員の個性と実力を十分に発揮させながら同時にスケールの大きな統一を保っていく名指揮者にもたとえられよう。ヘーベルレ先生にこのようなゼミの感想を話した折、先生はこのゼミの精神的伝統はドイツ公法学の碩学ルドルフ・スメントのゼミナールに連なることを誇らしげに語られた。スメントのゼミナールについて次のような文章を読んだことがある。「スメントはゲッチンゲンにおいて全精力を集中したのはゼミナール活動であって、彼の研究室には多くの学生が集まり、その後多くの人々は著名となった。彼は人々に心に残る印象を与えた。人の言葉に注意深く耳を傾けることのできる素晴らしい能力、ゼミナール参加者をして寛容に自分の意見を述べ批判させ、その議論を展開するよう鼓舞し、最後に彼がその言葉を熟慮した上で議論をまとめるような方式はゼミナール参加者が忘れることはできないであろう……。『教えるものと教えられるものについてのフンボルトのような観念は、正しく一つの実在であったなら、それはルドルフ・スメントという人物の中にこそ存在していたのである』」(佐藤 ① 197 頁以下)。最後の言葉は、そのままヘーベルレにあてはまる。「教えるものと教えられるものについてのフンボルトのような観念は、正しく一つの実在であったなら、それはペーター・ヘーベルレという人物の中にもまた存在していたのである」と。

ヘーベルレ関連著作一覧

ヘーベルレの膨大な業績のうち、本書において参照・引用したもの（アンダーラインは、タイトルについては本文中の略記を、頁については本書における引用頁を表す）。

・Die Wesensgehaltgarantie des Art. 19 Abs. 2 Grundgesetz. Zugleich ein Beitrag zum institutionellen Verhältnis der Grundrechte und zur Lehre vom Gesetzesvorbehalt, 1962, 2. Aufl. 1972, 3., starkerweiterte Aufl. Heidelberg, 1983, 432 S.

・Zur gegenwärtigen Diskussion um das Problem der Souveränität. Zugleich Besprechung von Werner von Simson, Die Souveränität im rechtlichen Verständnis der Gegenwart, 1965, in : AöR 92 (1967), S. 259-287 (auch in : Verfassung als öffentlicher Prozeß, Berlin, 3. Aufl. 1998, S. 364 ff.)

・Öffentlichkeit und Verfassung, Bemerkungen zur 3. Aufl. von Jürgen Habermas, Strukturwandel der Öffentlichkeit, 1968, in : ZfP 16 (1969), S. 273-287 (auch in : Verfassung als öffentlicher Prozeß, Berlin, 3. Aufl. 1998, S. 225 ff.)

・Grundrechte im Leistungsstaat, VVDStRL 30 (1972), S. 43-141 (auch in : Die Verfassung des Pluralismus, Königstein/Ts. 1980, S. 163 ff.)（「給付国家における基本権」井上典之編訳『ペーター・ヘーベルレ基本権論』（信山社、1993 年）1 頁以下）

・Die Eigenständigkeit des Verfassungsprozeßrechts. Zum Beschluß des BVerfG vom 29. 5. 1973, in : JZ 1973, S. 451-455 (auch in : *ders.*, Kommentierte Verfassungsrechtsprechung, 1979, S. 405 ff. (mit Nachtrag und Originalbeitrag) ; Verfassungsgerichtsbarkeit – Verfassungsprozessrecht : Ausgewählte Beiträge aus vier Jahrzehnten Schriften zum Öffentlichen Recht (SÖR), Bd. 1275 2014. S. 97 ff.)（畑尻剛、土屋武編訳『多元主義における憲法裁判— P. ヘーベルレの憲法裁判論』（中央大学出版部、2014 年）113 頁以下）

・Zeit und Verfassung, in : ZfP 21 (1974), S. 111-137 (auch in : Verfassung als öffentlicher Prozeß, Berlin, 3. Aufl. 1998, S. 59 ff.)

・Die offene Gesellschaft der Verfassungsinterpreten, in : JZ 1975, S. 297-305 (auch in : Verfassung als öffentlicher Prozeß, Berlin, 3. Aufl. 1998 S. 155 ff.)

・Grundprobleme der Verfassungsgerichtsbarkeit, in : P. Häberle (Hrsg.), Verfassungsgerichts-barkeit, Darmstadt, 1976, S. 1-45. (auch in : Verfassungsgerichtsbarkeit – Verfassungsprozessrecht, S. 17 ff.)（畑尻、土屋編訳・前掲書 1 頁以下）

・Verfassungsprozeßrecht als konkretisiertes Verfassungsrecht, in : JZ 1976, S. 377-384 (auch in : *ders.*, Verfassung als öffentlicher Prozeß, 1978 (mit Nachtrag) ; Verfassungsgerichtsbarkeit – Verfassungsprozessrecht , S. 71ff.)（畑尻、土屋編訳前掲書 79 頁以下）

・Demokratische Verfassungstheorie im Lichte des Möglichkeitsdenkens, in : AöR 102 (1977), S. 27-68 (auch in : Verfassung als öffentlicher Prozeß, Berlin,3.Aufl., 1998, S. 17ff.)

・Demokratische Verfassungstheorie im Lichte des Möglichkeitsdenkens, in : AöR 102 (1977), S. 27-68 (auch in : Verfassung als öffentlicher Prozeß, Berlin, 3. Aufl., 1998, S. 17 ff.)

・Verfassungsinterpretation und Verfassungsgebung, in : ZSR 119 (1978), S. 1-49 (auch in : Verfassung als öffentlicher Prozeß, Berlin, 3. Aufl. 1998, S. 182 ff.)

・Verfassungsgerichtsbarkeit als politische Kraft, in : J. Becker (Hrsg.), Dreißig Jahre Bundesrepublik Tradition und Wandel, 1979, S. 53-76 (auch in : Kommentierte Verfassungsrechtsprechung, Königstein/Ts., 1979, S. 427 ff. ; Verfassungsgerichtsbarkeit zwischen Politik und Rechtswissenschaft, Königstein/Ts., 1980, S. 55 ff. ; Verfassungsgerichtsbarkeit – Verfassungsprozessrecht, S. 49 ff.)（畑尻、土屋編訳・前掲書 47 頁以下）

・Erziehnungsziele und Orientierungswerte im Verfassungsstaat, Freiburg/München, 1981

・Verfassungslehre als Kulturwissenschaft, Berlin, 1. Aufl., 1982, 2. Aufl., 1998.（翻訳［第 1 版］：井上典之監訳「文化科学としての憲法学(1)(2)」神戸法学雑誌 50 巻 4 号 89 頁以下（2001)、51 巻 2 号 253 頁（2001）以下）

・Der «private-» Verfassungsentwurf Kölz/Müller (1984), in : ZSRNF 104 (1985), S. 353-365.（小林武訳「ケルツ＝ミュラーのスイス憲法『私』案（1984 年)」南山法学 10 巻 3 号（1987）67 頁以下）

・Utopien als Literaturgattung des Verfassungsstaates, in : I. v. Münch / P. Selmer (Hrsg.), Gedächtnisschrift für Wolfgang Martens, 1987, S. 73-84 (auch in : Rechtsvergleichung im Kraftfeld des Verfassungsstaates, Berlin, 1992, S. 673 ff.)（井上典之訳「立憲国家の文献ジャンルとしてのユートピア」大阪学院大学法学研究第 19 巻 1・2 号（1993 年）57 頁以下）

・Die Menschenwürde aIs Grundlage der staatlichen Gemeinschaft in : J.Isensee/P. Kirchhof (Hrsg.), Handbuch des Staatsrechts, Bd. II, Heidelberg, 3.Aufl. 2004, S. 317 ff.

・Grundrechtsgeltung und Grundrechtsarten im Verfassungsstaat, in : JZ 1989, S. 913-919. (auch in : Rechtsvergleichung im Kraftfeld des Verfassungsstaates, Berlin, 1992, S. 27 ff.)

・Die Funktionenvielfalt der Verfassungstexte im Spiegel des „gemischten" Verfassungsverständnisses, in : W. Haller/A. Kölz u.a. (Hrsg.), Im Dienst an der Gemeinschaft, FS für

Dietrich Schindler zum 65. Geburtstag, 1989, S. 701-710 (auch in : Rechtsvergleichung im Kraftfeld des Verfassungsstaates, 1992, S. 263 ff.)（「『複合的』憲法理解を反映する憲法テキストの多機能性」井上典之編訳『ペーター・ヘーベルレ基本権論』（信山社、1993 年）161 頁以下）

・Verfassungspolitik für die Freiheit und Einheit Deutschlands, in : JZ 1990, S. 358-363 (auch in : Rechtsvergleichung im Kraftfeld des Verfassungsstaates Methoden und Inhalt, Kleinstaaten und Entwicklungsländer, Berlin, 1992, S. 721 ff.)

Ethik »im« Verfassungsrecht, in : Institut für Politikwissenschaft, Hochschule St. Gallen–Beiträge und Berichte –, 1990, S. 145 (auch in : Rechtstheorie 21 (1990), S. 269 ff. ; Das Grundgesetz zwischen Verfassungsrecht und Verfassungspolitik, 1996, S. 563 ff.)

・Gemeineuropäisches Verfassungsrecht,in : EuGRZ 1991, S. 261-274. (auch in : Europäische Rechtskultur, Baden-Baden, 1994, S. 33 ff.)

・Verfassungsentwicklungen in Osteuropa in : H.G. Leser (Hrsg.), Wege zum japanischen Recht, Festschrift für Zentaro Kitagawa, Berlin, 1992, S. 129-156

・Verfassungsentwicklungen in Osteuropa – aus der Sicht der Rechtsphilosophie und der Verfassungslehre, in : AöR117 (1992), S. 169-211. (auch in : Tübinger Universitätsreden, Neue Folge Bd. 3, Reihe der Juristischen Fakultät Bd. 2, Zum Gedenken an Prof. Dr. Dr. E. Fechner, 5. 13-88 (auch in : Law and State, Institute for Scientific Co-operation, Tübingen (ed.), Vol. 46 (1992), S. 64-90 ; in französischer Übersetzung, in : L'Etat de Droit, sous la direction de M.Troper, Cahiers de philosophie politique et juridique, n° 24, 1994, p. 127-157 ; in spanischer Übersetzung in : Pensarniento Constitucional, Pontificia Universidad Catolica del Peru, 1995, S. 141-165 ; auch in : Europäische Rechtskultur, Baden-Baden, 1994, S. 101 ff.

・Das Prinzip der Subsidiarität aus der Sicht der vergleichenden Verfassunglehre, in : AöR 119 (1994), S. 169-206 (auch in : Subsidiarität, in : A. Riklin/G. Batliner (Hrsg.), Liechtenstein, Politische Schriften, Bd. 19, 1994, S. 267-310 ; auch in : Das Grundgesetz zwischen Verfassungsrecht und Verfassungspolitik, 1996, S. 401 ff.)

・Die Verfassungsbewegung in den für fünf neuen Bundesländern Deutschlands 1991 bis 1992, in : JöR, Bd. 42, 1994, S. 149-324

・Bundesverfassungsrichter - Kandidaten auf dem Prüfstand? Ein Ja zum Erfordernis „öffentlicher Anhörung“, in : Bernd Guggenberger/Andreas Meier (Hrsg.), Der Souverän auf der Nebenbühne, 1994, S. 131-133 (auch in : Verfassungsgerichtsbarkeit – Verfassungsprozessrecht, S. 235 ff.（畑尻、土屋編訳前掲書 277 頁以下）

・Die Schlußphase der Verfassungsbewegung in den neuen Bundesländern (1992/93) JöR,

Bd. 43, 1995, S. 355-474

・Altern und Alter des Menschen als Verfassungsproblem, in : Das Grundgesetz zwischen Verfassungsrecht und Verfassungspolitik, Baden-Baden, 1996, S. 751-780

・Die Verfassungsbeschwerde im System der bundesdeutschen Verfassungsgerichtsbarkeit, in : JöR 45 (1997), S. 89-135 (auch in : Verfassungsgerichtsbarkeit – Verfassungsprozessrecht, S. 139 ff.)（畑尻、土屋編訳・前掲書 169 頁以下）

・Verfassungsinterpretation als öffentlicher Prozeß – ein Pluralismuskonzept, in : Verfassung als öffentlicher Prozeß, 3 Aufl., Berlin, 1998, S. 121-152

・Verfassungslehre als Kulturwissenschaft, 2. Aufl., Berlin, 1998

・Probleme der Verfassungsreform in Italien-Außenansichten eines „teilnehmenden Beobachters," in : Verfassung als öffentlicher Prozeß Materialien zu einer Verfassungstheorie der offenen Gesellschaft, Berlin (Schriften zum öffentlichen Recht, Bd. 353), 3. Aufl., 1998, S. 817-854

・Da Bundesverfassungsgericht als Muster einer selbständigen Verfassungsgerichtsbarkeit, in : P. Badura/H. Dreier (Hrsg.), 50 Jahre Bundesverfassungsgericht, Bd. I, 2001, S. 311-331 (auch in : Verfassungsgerichtsbarkeit – Verfassungsprozessrecht, S. 117 ff.（畑尻、土屋編訳・前掲書 141 頁以下）

・Der Verfassungsstaat in kuluturwissenschaftlicher Sicht – Vorlesungen in Japan 1999 –（井上典之、畑尻剛編訳『ペーター・ヘーベルレ・文化科学の観点からみた立憲国家—1999 年日本における講演—』（尚学社、2002 年）I Der Verfassungsstaat in entwicklungsgeschichtlicher Perspektive（毛利透訳「発展史的パースペクティブにおける立憲国家」9 頁以下）; II Verfassunggebung : Ein Problemkatalog, Fragenkreise und Antworten（石村修訳「憲法制定：問題カタログ、問題領域と回答」37 頁以下）; III Rechtsquellenprobleme im Verfassungsstaat : ein Plauralismus von Geschriebenem und Ungeschriebenem vieler Stufen und Räume, von Staatlichem und Transstaatlichem（塩入みほも訳「立憲国家における法源問題：成文・不文の多段階の、国家的・超国家的な多元主義」59 頁以下）; IV Die Funktionenvielfalt der Verfassungstexte im Spiegel des gemischten Verfassungsverständnisses（井上典之訳「『複合的』憲法理解を反映する憲法テクストの多機能性」85 頁以下）; V Methoden und Prinzipien der Verfassungsinterpretation : ein Problem-Katalog（井上典之訳「憲法解釈の方法と原理：問題カタログ」97 頁以下）; VI Menschenrechte/Grundrechte im Verfassungsstaat（村上武則, A. シェラー訳「立憲国家における人権・基本権」127 頁以下）; VII Institutionalisierte Verfassungsgerichtsbarkeit im Verfassungsstaat（畑尻剛訳「立憲国家における制度化された憲法裁判」165 頁以下）; VIII Gibt es eine europäische Öffentlichkeit?（川又伸彦「ヨーロッパ的公共性はあ

るのか」181頁以下）; IX Das "Weltbild" des Verfassungsstaates - eine Textstufenanalyse zur Menschenheit als verfassungsstaatlichem Grundwert und "letztem" Geltungsgrund des Völkerrechets（栗城壽夫訳「立憲国家の『世界像』：立憲国家の基本価値にして、国際法の『究極の』妥当根拠たる人類にかかわる憲法テクストの比較法的分析」205頁以下）

・Über die Verfassungsgerichtsbarkeit: Interview mit Professor H. Kuriki (Nagoya-shi) (2000), in: Kleine Schriften. Beiträge zur Staatsrechtslehre und Verfassungskultur (Hrsg. v.W. Graf Vitzthum), 2002, S. 374-386 (auch in: Verfassungsgerichtsbarkeit – Verfassungsprozessrecht, S. 239 ff.（畑尻、土屋編訳・前掲書283頁以下）

・Die Verfassungsgerichtsbarkeit auf der heutigen Entwicklungsstufe des Verfassungsstaates, EuGRZ 2004, S. 117-125 (auch in: Verfassungsgerichtsbarkeit – Verfassungsprozessrecht, S. 205 ff.（畑尻、土屋編訳・前掲書233頁以下）

・Verfassungsgerichtsbarkeit in der offenen Gesellschaft, in: R.C. von Ooyen/M.H.W. Möllers (Hrsg.), Das Bundesverfassungsgericht im politischen System, 2006, S. 35-46 (auch in Verfassungsgerichtsbarkeit – Verfassungsprozessrecht, S. 189 ff.)（畑尻、土屋編著前掲書261頁以下）

・Der kooperative Verfassungsstaat - aus Kultur und als Kultur, Vorstudien zu einer universalen Verfassungslehre, 2013

なお、上記の論文中、ペーター・ヘーベルレ著／畑尻剛，土屋武編訳『多元主義における憲法裁判―P・ヘーベルレの憲法裁判論』（中央大学出版部、2014）に掲載されているものの参照頁は、同翻訳書の頁によった。

ヘーベルレ関連邦語参照文献

なお、当該論文が論文集などに再録されている場合、引用頁は原則、再録頁とする。

青柳幸一

①「基本権理論の変遷」慶應義塾大学大学院法学研究科論文集・昭和52年度（1977）3/17頁（青柳幸一『個人の尊重と人間の尊厳』（尚学社、1996年）45/75頁再録）

②「基本権の多次元的機能⑴-⑶」法学研究第55巻4号（1982）22/46頁、5号27/51頁、6号49/68頁（同上76/144頁以下再録）

赤坂正浩

①「二つの制度的保障論― C. シュミットとP. ヘーベルレ―」東北大学法学49巻1号（1985）82/120頁（同『立憲国家と憲法変遷』（信山社、2008年）183/241頁に再録）

②「憲法変遷概念の変遷」日本法学66巻3号（2000）247/289頁（同上537/580頁に再録）

③「日本の立憲主義とその課題―ドイツとの比較の視点から―」公法研究80号（2018）45/68頁

石川健治

「カール・シュミット『制度体保障』論・再考⑴―主権・制度・自由の法のドグマーティク―」東京都立大学法学会雑誌32巻1号（1991）75/104頁（『自由と特権の距離―カール・シュミット「制度体保障」論・再考』（日本評論社、1999年））

石川敏行

『ドイツ語圏公法学者プロフィール』（中央大学出版部、2012年）

石村　修

「カール・シュミットにおける自由権」専修法学論集55・56合併号（1992）133/181頁

井上典之

①「いわゆる『人間の尊厳』について―その具体的規範内容と現代的課題についての概観―」阪大法学43巻2・3号（1993）617/636頁

②「法的視点からの『平和』の重要性：P・ヘーベルレ教授の『平和の文化（Die Kultur des Friedens）』について」神戸法学雑誌69巻4号（2020）97/110頁

内野正幸

『憲法解釈の論理と体系』（日本評論社、1991年）161/181頁

莵原　明

『Ch. シュタルクの憲法構想』（尚学社、2013年）

太田航平

「法解釈における文化科学の応用について― P. ヘーベルレと T. グートマンの比較を通じて」白門70巻6号（2018）23/28頁

岡田俊幸

①「統一ドイツにおける『直接民主制』をめぐる議論について」法学研究68巻12号（1995）553頁/575頁

②「マイノリティと憲法(1)(2・完)―統一ドイツにおける憲法論議の一断面―」兵庫教育大学研究紀要19巻（1999）第2分冊47頁/61頁、20巻（2000）第2分冊117/129頁

押久保倫夫

「個人の尊重：その意義と可能性」ジュリスト1244号（2003）13/23頁

柏崎敏義

「基本権の中の『制度』― P. ヘーベルレの理解を中心に―」明治大学大学院紀要21巻1号（1983）37/50頁

角松生史

①「『民間化』の法律学―西ドイツ Privatisierung 論を素材として―」国家学会雑誌102巻11・12号（1990）69/127頁

②「憲法上の所有権？―ドイツ連邦憲法裁判所の所有権観・砂利採取決定以後―」社会科学研究45巻6号（1994）1/64頁

川又伸彦

「ドイツ連邦憲法裁判所の性格と裁判官像―連邦憲法裁判所法第3条第2項をめぐって―」法学新報98巻9・10号（1992）137/162頁

工藤達朗

「憲法学における『国家』と『社会』― K. ヘッセの『共同体』概念とその問題性」法学新報91巻8・9・10号（1985）227/321頁（同『憲法学研究』（尚学社、2009年）263/329頁に再録）

栗城壽夫

①「西ドイツ公法理論の変遷」公法研究38号（1976）76/111頁

②「立法におけるコンセンサス(1)-(5・完)」法学雑誌28巻1号（1981）1/42頁、第

2号（1981）1/19頁、第30巻3/4号（1984）128/160頁、第31巻3/4号（1985）113/152頁、第32巻3号（1986）1/27頁

③「契約としての憲法」法学セミナー26巻8号（1982）22/29頁

④「憲法と財産権」公法研究51号（1989）63/89頁

⑤『憲法と裁判―現代憲法体系11』（樋口陽一と共著）（法律文化社、1988年）127/360頁

⑥「[解説] ペーター・ヘーベルレ／ベルント・ネニンガー／西浦公訳「多様な法学的文献ジャンルの総合としての憲法論」ジュリスト976号（1991）66頁

⑦「立憲主義の現代的課題」全国憲法研究会編『憲法問題4』（三省堂、1993年）7/22頁

小林真理

①「文化法研究の視座―『文化基本法』の原則―」文化経済学1巻2号（1998）7/16頁

②「文化基本法論―欧州統合時代における文化政策とヘーベルレの理論」文化経済学3巻2号（2002）9/19頁

小山　剛

①「制度的基本権理解、その後」ジュリスト1089号（1990）65/69頁

②『基本権保障の法理』（成文堂、1998年）

③『基本権の内容形成―立法による憲法価値の実現』（尚学社、2004年）

笹田栄司

「基本権の実効的保護―西独基本法19条4項の解釈論を手がかりとして―(1)〜(3)」法政研究53巻2号（1987）85/140頁、3号75/104頁、4号123/ 189頁（『実効的基本権保障論』（信山社、1993年）153/296頁に再録）

笹川紀勝

「信仰の自由と政教分離の関係」ジュリスト771号（1982）31/40頁

佐藤立夫

①「ルドルフ・スメント研究（一）―人と業績―」早稲田政治経済学雑誌258号（1977）1/28頁（同『現代ドイツ公法学を築いた碩学たち』（早稲田大学比較法研究所、1982年）174/202頁に再録）

②「戦後三〇年の西ドイツ公法学界の展望（上）（中）（下）」早稲田政治経済学雑誌250・251号（1977）1/28頁、255号（1978）1/19頁、256・257号（1979）1/18頁（同上310/367頁に再録）

澤野義一

「戦後ドイツ国法学における主権論—ネガティーフ（negativ）な主権論の動向—」龍谷法学15巻2号（1982）22/57頁

篠原　巌

「憲法解釈方法論の理論的枠組について」名古屋大学法政論集109号（1986）45/63頁

塩津　徹

「社会的法治国家論と基本権理論の再構成」早稲田政治公法研究8号（1979）129/142頁

宍戸常寿

『憲法裁判権の動態』（弘文堂、2005年）

高橋信行

『統合と国家—国家嚮導行為の諸相』（有斐閣、2012年）

高見勝利

①「国民と議会⑴—『国民代表』の理論と歴史に関する一考察—」国家学会雑誌92巻3・4号（1979）1/58頁

②「主権論—その魔力からの解放について—」月刊法学教室69号（1986）16/21頁（樋口陽一編『憲法の基本問題』（有斐閣、1988年）11/17頁に再録）

③「西ドイツの憲法裁判—憲法訴訟手続を中心に—」芦部信喜編『講座憲法訴訟　第1巻』（有斐閣、1987年）97/144頁

恒川隆生

①「憲法裁判における基本権保障理論の考察⑴—基本法2条1項の解釈について—」名古屋大学法政論集96号（1983）371/441頁

②「基本権論としての組織・手続問題—その系譜に関する若干の検討—」沖縄法学13号（1985）101/132頁

竹内俊子

「ドイツにおける文化の自由保障」神長勲（代表）『現代行政法の理論　室井力先生還暦記念論集』（法律文化社、1991年）242/267頁

玉蟲由樹

「時間・憲法・憲法の現実化」樋口陽一、上村貞美、戸波江二編『日独憲法学の創造力　上巻　栗城壽夫先生古稀記念』（信山社、2003年）131/157頁

土屋　武

「基本権解釈の『主体』に関する予備的考察—P. ヘーベルレ、J. イーゼンゼー、M. ボ

ロウスキの所説を中心に」工藤達朗、西原博史、鈴木秀美、小山剛、毛利透、三宅雄彦、斎藤一久編著『憲法学の創造的展開 上巻 戸波江二先生古稀記念』(信山社、2017年) 287/311頁

手塚和男

「スメント及びドイツ国法学における憲法変遷論」新正幸、鈴木法日児編『憲法制定と変動の法理　菅野喜八郎教授還暦記念』(木鐸社、1991年) 281/305頁

寺田友子

「職業教育施設選択の自由権と配分請求権― Numerus clausus 判決」法学雑誌23巻1号 (1976) 145/162頁

戸波江二

①「西ドイツにおける基本権解釈の新傾向(1)～(5・完)」自治研究54巻7号 (1979) 83/95頁、8号91/104頁、9号67/79頁、10号71/83頁、11号111/125頁

②「制度的保障の理論について」筑波法政7号 (1984) 66/112頁

富塚祥夫

「実体的基本権の手続法的機能 (上) (下) ―西ドイツ基本権理論の新局面―」東京都立大学法学会雑誌27巻1号 (1986) 219/250頁、2号 (1987) 181/215頁

中島茂樹

「ドイツにおける『制度的』基本権理論と『制度的』法思考」神長勲 (代表)『現代行政法の理論　室井力先生還暦記念論集』(法律文化社、1991年) 203/241頁

苗村辰弥

「議会内『少数派』の地位と権利―『少数派』の自立性と統合性を焦点として―」九大法学62号 (1991) 187/234頁 (同『基本法と会派―ドイツにおける「会派会議」の憲法問題―』(法律文化社、1996年) 49/94頁に再録)。

永田秀樹

「西ドイツにおける憲法裁判と政治(1)」大分大学経済論集38巻6号 (1987) 59/86頁

西浦　公

①「多元主義的憲法理論の基本的特質」法学雑誌30巻4・5号 (1984) 223/242頁

②「スメント―統合理論の問題点とその現代的意義―」小林孝輔編集代表『ドイツ公法の理論―その今日的意義』(一粒社、1992年) 132/148頁

③「P. ヘーベルレの憲法理論」岡山商科大学法経学部創設論文集『現代法学の諸相』(法律文化社、1992年) 1/21頁

④「P・ヘーベルレの最近の理論動向―東欧の憲法変動を中心に―」岡山商大学法学論叢1号 (1993) 121/128頁

⑤「基本権の保障領域の決定権をめぐって」岡山商大法学論叢 4 号（1996）33/50 頁

西原博史

①「基本権的給付請求権と基本権理論―西ドイツ基本権論ノート―」早稲田法学会誌第 38 巻（1988）135/195 頁

②「公立学校と良心の自由―西ドイツにおける国家の教育任務・親の教育・子どもと親の良心の自由―(1)～(5・完)」早稲田社会科学研究 40 号（1990）195/289 頁、41 号 87/122 頁、42 号（1991）149/208 頁、43 号 353/382、44 号（1992）175/289 頁（同『良心の自由―基本的人権としての良心的自律可能性の保障―［増補版］』（成文堂、2001 年）109/317 頁に再録）

③「良心の自由と国家の信条的中立性」奥平康弘、隅野隆徳編『日本国憲法の諸問題　高柳信一先生古稀記念』（専修大学出版部、1992 年）3/47 頁（同上 319/ 354 頁に再録）

根森　健

「ドイツ連邦憲法裁判所裁判官選任手続と民主的正当性―ヘーレートの公聴会制度の導入論を素材に」工藤達朗、西原博史、鈴木秀美、小山剛、毛利透、三宅雄彦、斎藤一久編著『憲法学の創造的展開 下巻 戸波江二先生古稀記念』（信山社、2017 年）549/562 頁

服部高宏

「F. ミュラ―の法律学的方法論(1)～(2・完)―『法律学的方法』の再構成―」法学論叢 123 巻 3 号（1988）45/70 頁、6 号 49/76 頁

浜田純一

①「制度概念における主観性と客観性―制度と基本権の構造分析序説―」現代憲法学研究会編『現代国家と憲法の原理　小林直樹先生還暦記念』（有斐閣、1983 年）487/528 頁

②『メディアの法理』（日本評論社、1990 年）

③「憲法・人間・基本権理論」樋口陽一、野中俊彦編集代表『憲法学の展望　小林直樹先生古稀記念』（有斐閣、1991 年）127/145 頁

林　知更

『現代憲法学の位相―国家論・デモクラシー・立憲主義』（岩波書店、2016 年）

日笠完治

『現代ドイツ公法学人名辞典』（信山社、1991 年）

樋口陽一

①『近代憲法学にとっての論理と価値［戦後憲法学を考える］』（日本評論社、1994

年）
②「違憲審査をする裁判官の正統性と法解釈」ジュリスト1037号（1994）133/139頁
③『講座　憲法学（全6巻、別巻）』（日本評論社、1994・1995年）
④「〈座算会〉日本国憲法50年の歩み」ジュリスト1089号（1996）10/39頁
⑤『憲法　近代知の復権へ』（東京大学出版会、2002年）

日野田浩行

「『憲法原理としての公開』序説」九大法学56号（1988）179/226頁

藤田宙靖

①「E.W. ベッケンフェルデの国家と社会の二元的対立論⑴〜⑵―現代西ドイツ公法学研究ノート―」法学40巻3号（1976）32/64頁、41巻2号（1977）25/52頁（同『行政法の基本理論　上巻』（有斐閣、2005年）80/133頁に再録）
②「法現象の動態的考察の要請と現代公法学―R・スメントについての覚え書き―」岡田与好，広中俊雄，樋口陽一編『社会科学と諸思想の展開　世良教授還暦記念（下）』（創文社、1977年）423/463頁（同『行政法学の思考形式』（木鐸社、1978年）360/399頁に再録）

古野豊秋

『違憲の憲法理論と解釈』（尚学社、2016年）

前田徹生

「社会権概念の再検討⑴―西ドイツの諸学説を中心に―」上智法学論集22巻1号（1978）149/198頁

前原清隆

「旧東ドイツ地域の新五州における教育憲法思想」名古屋大学政論集149号（1993）331/350頁

三並敏克

「基本権の本質ないし基本思想の捉え方⑴」京都学園大学論集16巻3号（1987）97/137頁

三宅雄彦

「ドイツにおける憲法理論の概念―憲法理論の成立、展開、任務、特徴―」早稲田法学会誌47巻（1997）253/307頁

村上武則

『給付行政の理論』（有信堂高文社、2002年）

毛利　透

①「憲法パトリオティズム—国家の基礎づけをめぐって」筑波法政 17 号（1994）171/179 頁（同『民主政の規範理論—憲法パトリオティズムは可能か—』（勁草書房、2002 年）24/40 頁に再録）

②「主権の復権？—インゲボルク・マウスの国法理論管見—」筑波法政 18 号 1（1995）355/387 頁

本　秀紀

「西ドイツにおける政党への国庫補助の法理(1)～(2)」名古屋大学法政論集 134 号（1990）267/308 頁、135 号（1991）387/424 頁

横田守弘

「国家の教育任務と『個人』—十字架判決に対する一つの批判を素材にして—」米沢広一、松井茂記、土井真一刊行代表『現代立憲主義と司法権　佐藤幸治先生還暦記念』（青林書院、1998 年）477/514 頁

渡辺暁彦

「統一ドイツにおける基本法改正論議の一側面：両院合同憲法調査委員会（Gemeinsame Verfassungskommission von Bundestag und Bundesrat, GVK）と特に直接民主制導入をめぐる議論を中心として」同志社法學 48 巻 3 号（1996）477/576 頁

渡辺　洋

①「ドイツ憲法学における『たたかう民主制』の理論的位相(1)(2)—ペーター・ヘーバレの民主制論から考える」早稲田大学大学院法研論集 86 号（1998）281/309 頁、90 号（1999）363/388 頁

②「憲法文化の規範性—いま、奥平康弘『法ってなんだ』を読み直す」樋口陽一、中島徹、長谷部恭男編『憲法の尊厳—奥平憲法学の継承と展開』（日本評論社、2017 年）73/93 頁

渡辺康行

①「『憲法』と『憲法理論』の対話(1)—（6・完）—戦後西ドイツにおける憲法解釈方法論史研究—」国家学会雑誌 103 巻 1・2 号（1990）1/38 頁、105 巻 1・2 号（1992）90/137 頁、111 巻 5・6 号（1998）100/147頁、112 巻 7・8 号（1999）40/87 頁、113 巻 5・6 号（2000）1/74 頁、114 巻 9・10 号（2001）25/99 頁

②「ドイツ連邦憲法裁判所の憲法解釈方法論」新正幸・鈴木法日児編『憲法制定と変動の法理　菅野喜八郎教授還暦記念論文集』（木鐸社、1991 年）517/ 546 頁

③「国民主権」ジュリスト 1089 号（1996）95/100 頁

④「多数だけでは決めない仕組み」樋口陽一編『ホーンブック憲法』（北樹出版、

1993年）266/315頁

アンドレアス・フォスクーレ／トーマス・ヴィシュマイヤー（畑尻剛・土屋武訳）

「ペーター・ヘーベルレ傘寿を祝して―コンテクスト主義の法理論⑴～⑶・完」自治研究94巻4号（2018）17-31頁、7号21-44頁、8号64-77頁

初 出 一 覧

Ⅰ　人とその活動

「資料：P. ヘーベルレ著作一覧及びヘーベルレ関連文献［改訂版］」城西大学研究年報22・23号（1999）55頁以下、ペーター・ヘーベルレ著（畑尻剛・土屋武編訳）『多元主義における憲法裁判― P. ヘーベルレの憲法裁判論』（中央大学出版部、2014年）339頁以下

Ⅱ　P. ヘーベルレの憲法論

「P. ヘーベルレの憲法論とその批判」DAS研究会編「ドイツ公法理論の受容と展開山下威士先生還暦記念」（尚学社、2004年）143/175頁

Ⅲ　ドイツ統一における P. ヘーベルレ

「ドイツ統一と公法学者― P. ヘーベルレの場合―」杉原泰雄、清水睦編集代表『憲法の歴史と比較』（日本評論社、1998年）104/116頁

「東西ドイツ統一と公法学者― P. ヘーベルレの場合―」法律時報831号（1995）70/75頁

Ⅳ　P. ヘーベルレの憲法裁判論

「ペーター・ヘーベルレの憲法裁判論―憲法裁判論と憲法原理論・憲法解釈方法論との交錯―」樋口陽一、上村貞美、戸波江二編『日独憲法学の創造力　上巻　栗城先生古稀記念論文集』（信山社、2003年）231/250頁

「P. ヘーベルレの憲法裁判論」ペーター・ヘーベルレ著（畑尻剛、土屋武編訳）『多元主義における憲法裁判― P. ヘーベルレの憲法裁判論』（中央大学出版部、2014年）309/332頁

Ⅴ　憲法問題としての「将来世代に対する責任」

「憲法問題としての『次世代に対する責任』―『世代間契約としての憲法』をめぐって―」ドイツ憲法判例研究会編『未来志向の憲法論』（信山社、2001年）21/44頁

「第十章　最高法規」小林孝輔、芹沢斉編『基本法コンメンタール・憲法［第5版］』（日本評論社、2006年）438/446頁

Ⅵ　財政に対する憲法原理としての「世代間の公平」

「財政に対する憲法原理としての『世代間の公平』」北野弘久先生古稀記念論文集刊行会編『納税者権利論の展開』（勁草書房、2001 年）125/144 頁

追　　　録

Eine Studie über die Verfassungslehre von P. Häberle und ihre Rezeption in Japan, in : A. Blankenagel, I. Pernice, H. Schulze-Fielitz (Hrsg.), Verfassung im Diskurs der Welt – Liber Amicorum für Peter Häberle zum siebzigsten Geburtstag, 2004, Tübingen, S. 517-530

索　引

キーワード索引

開放性

基本権

給付

共同体（ゲマインシャフト）

経験

契約

憲法

憲 法 異 議

憲法解釈（者）

憲 法 裁 判

憲法訴訟（法）

権 力 分 立

広（狭二）義

（連邦憲法）裁判所

参　　加

三和音（トリアス）

少数意見制

世　　界

責　　任

多元主義

地　　位

テクスト

手　　続

文化（科学）

立憲国家

人名・事項索引

あ　行

か　行

さ　行

た 行

な 行

は 行

ま　行

や　行

ら　行

わ　行

畑（はた）尻（じり）　剛（つよし）（Tsuyoshi HATAJIRI）

中央大学法学部教授（憲法）。1950年生まれ。中央大学大学院法学研究科博士課程単位取得後退学。『憲法裁判研究序説』（尚学社、1988年）により博士号（法学、中央大学）取得。主著：『憲法』（共著、不磨書房、2004年、〔第5版〕2014年）、『ドイツの憲法裁判〔第2版〕』（共編著、中央大学出版部、2013年）、『講座　憲法の規範力第2巻　憲法の規範力と憲法裁判』（共編著、信山社、2013年）、『トーマス・ヴュルテンベルガー論文集　国家と憲法の正統化について』（共編訳、中央大学出版部、2016年）、『ディートリッヒ・ムルスヴィーク論文集　基本権・環境法・国際法』（共編訳、中央大学出版部、2017年）。

Ein Versuch zum richterlichen Prüfungssystem unter rechtsvergleichenden Gesichtspunkten – Refomvorschläge in Japan, in : JöR Bd. 51, 2003, S. 711 ff., Die Verfassungsgerichtsbarkeit als gemeinsames Werk von Gericht, Regierung und dem Parlament in Japan in : JöR Bd. 52, 2004, S. 115ff., Die Realisierung der Verfassungsgerichtsbarkeit durch das Verfassungsprozeßrecht oder das sonstige Prozessrecht : C. Starck (Hrsg.) Fortschritte der Verfassungsgerichtsbarkeit in der Welt – Teil 1, Baden-Baden, 2004, S. 145 ff., Neuere Tendenzen in der Rechtsprechung der Japanischen Verfassungsgerichtsbarkeit, in : Freundeskreis Rechtswissenschaft (Hrsg.), Schlaglichter 15, 2014, S. 23ff., Integrierte und isolierte Verfassungsgerichtsbarkeit, in : Matthias Jestaedt und Hidemi Suzuki (Hrsg.) Verfassungsentwicklung II : Verfassungsentwicklung durch Verfassungsgerichte – Deutsch-Japanisches Verfassungsgespräch 2017, 2020, S. 29ff.

ペーター・ヘーベルレの憲法論
　立憲国家における憲法裁判を中心に
日本比較法研究所研究叢書（122）

2021年1月30日　初版第1刷発行

著　者　畑　尻　　剛
発行者　松本　雄一郎

発行所　中央大学出版部
〒192-0393
東京都八王子市東中野742番地1
電話 042-674-2351・FAX 042-674-2354
http://www2.chuo-u.ac.jp/up/

© 2021　Tsuyoshi Hatajiri　ISBN978-4-8057-0822-4　（株）TOP印刷

日本比較法研究所研究叢書

1	小島武司 著	法律扶助・弁護士保険の比較法的研究	A 5 判 2800円
2	藤本哲也 著	CRIME AND DELINQUENCY AMONG THE JAPANESE-AMERICANS	菊 判 1600円
3	塚本重頼 著	アメリカ刑事法研究	A 5 判 2800円
4	小島武司 外間寛 編	オムブズマン制度の比較研究	A 5 判 3500円
5	田村五郎 著	非嫡出子に対する親権の研究	A 5 判 3200円
6	小島武司 編	各国法律扶助制度の比較研究	A 5 判 4500円
7	小島武司 著	仲裁・苦情処理の比較法的研究	A 5 判 3800円
8	塚本重頼 著	英米民事法の研究	A 5 判 4800円
9	桑田三郎 著	国際私法の諸相	A 5 判 5400円
10	山内惟介 編	Beiträge zum japanischen und ausländischen Bank- und Finanzrecht	菊 判 3600円
11	木内宜彦 M・ルッター 編著	日独会社法の展開	A 5 判 (品切)
12	山内惟介 著	海事国際私法の研究	A 5 判 2800円
13	渥美東洋 編	米国刑事判例の動向 I	A 5 判 (品切)
14	小島武司 編著	調停と法	A 5 判 (品切)
15	塚本重頼 著	裁判制度の国際比較	A 5 判 (品切)
16	渥美東洋 編	米国刑事判例の動向 II	A 5 判 4800円
17	日本比較法研究所 編	比較法の方法と今日的課題	A 5 判 3000円
18	小島武司 編	Perspectives on Civil Justice and ADR : Japan and the U. S. A.	菊 判 5000円
19	小島・渥美 清水・外間 編	フランスの裁判法制	A 5 判 (品切)
20	小杉末吉 著	ロシア革命と良心の自由	A 5 判 4900円
21	小島・渥美 清水・外間 編	アメリカの大司法システム(上)	A 5 判 2900円
22	小島・渥美 清水・外間 編	Système juridique français	菊 判 4000円

日本比較法研究所研究叢書

23	小島・渥美 清水・外間 編	アメリカの大司法システム(下)	A5判 1800円
24	小島武司・韓相範編	韓国法の現在(上)	A5判 4400円
25	小島・渥美・川添 清水・外間 編	ヨーロッパ裁判制度の源流	A5判 2600円
26	塚本重頼 著	労使関係法制の比較法的研究	A5判 2200円
27	小島武司・韓相範編	韓国法の現在(下)	A5判 5000円
28	渥美東洋 編	米国刑事判例の動向 III	A5判 (品切)
29	藤本哲也 著	Crime Problems in Japan	菊判 (品切)
30	小島・渥美 清水・外間 編	The Grand Design of America's Justice System	菊判 4500円
31	川村泰啓 著	個人史としての民法学	A5判 4800円
32	白羽祐三 著	民法起草者 穂積陳重論	A5判 3300円
33	日本比較法研究所編	国際社会における法の普遍性と固有性	A5判 3200円
34	丸山秀平 編著	ドイツ企業法判例の展開	A5判 2800円
35	白羽祐三 著	プロパティと現代的契約自由	A5判 13000円
36	藤本哲也 著	諸外国の刑事政策	A5判 4000円
37	小島武司他編	Europe's Judicial Systems	菊判 (品切)
38	伊従寛 著	独占禁止政策と独占禁止法	A5判 9000円
39	白羽祐三 著	「日本法理研究会」の分析	A5判 5700円
40	伊従・山内・ヘイリー編	競争法の国際的調整と貿易問題	A5判 2800円
41	渥美・小島 編	日韓における立法の新展開	A5判 4300円
42	渥美東洋 編	組織・企業犯罪を考える	A5判 3800円
43	丸山秀平 編著	続ドイツ企業法判例の展開	A5判 2300円
44	住吉博 著	学生はいかにして法律家となるか	A5判 4200円

日本比較法研究所研究叢書

45	藤本哲也 著	刑事政策の諸問題	A5判 4400円
46	小島武司 編著	訴訟法における法族の再検討	A5判 7100円
47	桑田三郎 著	工業所有権法における国際的消耗論	A5判 5700円
48	多喜 寛 著	国際私法の基本的課題	A5判 5200円
49	多喜 寛 著	国際仲裁と国際取引法	A5判 6400円
50	眞田・松村 編著	イスラーム身分関係法	A5判 7500円
51	川添・小島 編	ドイツ法・ヨーロッパ法の展開と判例	A5判 1900円
52	西海・山野目 編	今日の家族をめぐる日仏の法的諸問題	A5判 2200円
53	加美和照 著	会社取締役法制度研究	A5判 7000円
54	植野妙実子 編著	21世紀の女性政策	A5判 (品切)
55	山内惟介 著	国際公序法の研究	A5判 4100円
56	山内惟介 著	国際私法・国際経済法論集	A5判 5400円
57	大内・西海 編	国連の紛争予防・解決機能	A5判 7000円
58	白羽祐三 著	日清・日露戦争と法律学	A5判 4000円
59	伊従・山内 ヘイリー・ネルソン 編	APEC諸国における競争政策と経済発展	A5判 4000円
60	工藤達朗 編	ドイツの憲法裁判	A5判 (品切)
61	白羽祐三 著	刑法学者牧野英一の民法論	A5判 2100円
62	小島武司 編	ADRの実際と理論 I	A5判 (品切)
63	大内・西海 編	United Nation's Contributions to the Prevention and Settlement of Conflicts	菊判 4500円
64	山内惟介 著	国際会社法研究 第一巻	A5判 4800円
65	小島武司 著	CIVIL PROCEDURE and ADR in JAPAN	菊判 (品切)
66	小堀憲助 著	「知的(発達)障害者」福祉思想とその潮流	A5判 2900円

日本比較法研究所研究叢書

67	藤本哲也 編著	諸外国の修復的司法	A5判 6000円
68	小島武司 編	ADRの実際と理論 II	A5判 5200円
69	吉田豊 著	手付の研究	A5判 7500円
70	渥美東洋 編著	日韓比較刑事法シンポジウム	A5判 3600円
71	藤本哲也 著	犯罪学研究	A5判 4200円
72	多喜寛 著	国家契約の法理論	A5判 3400円
73	石川・エーラース グロスフェルト・山内 編著	共演 ドイツ法と日本法	A5判 6500円
74	小島武司 編著	日本法制の改革：立法と実務の最前線	A5判 10000円
75	藤本哲也 著	性犯罪研究	A5判 3500円
76	奥田安弘 著	国際私法と隣接法分野の研究	A5判 7600円
77	只木誠 著	刑事法学における現代的課題	A5判 2700円
78	藤本哲也 著	刑事政策研究	A5判 4400円
79	山内惟介 著	比較法研究 第一巻	A5判 4000円
80	多喜寛 編著	国際私法・国際取引法の諸問題	A5判 2200円
81	日本比較法研究所 編	Future of Comparative Study in Law	菊判 11200円
82	植野妙実子 編著	フランス憲法と統治構造	A5判 4000円
83	山内惟介 著	Japanisches Recht im Vergleich	菊判 6700円
84	渥美東洋 編	米国刑事判例の動向 IV	A5判 9000円
85	多喜寛 著	慣習法と法的確信	A5判 2800円
86	長尾一紘 著	基本権解釈と利益衡量の法理	A5判 2500円
87	植野妙実子 編著	法・制度・権利の今日的変容	A5判 5900円
88	畑尻剛 工藤達朗 編	ドイツの憲法裁判 第二版	A5判 8000円

日本比較法研究所研究叢書

89	大村雅彦著	比較民事司法研究	A5判 3800円
90	中野目善則編	国際刑事法	A5判 6700円
91	藤本哲也著	犯罪学・刑事政策の新しい動向	A5判 4600円
92	山内惟介 ヴェルナー・F・エブケ編著	国際関係私法の挑戦	A5判 5500円
93	森勇 米津孝司編	ドイツ弁護士法と労働法の現在	A5判 3300円
94	多喜寛著	国家(政府)承認と国際法	A5判 3300円
95	長尾一紘著	外国人の選挙権 ドイツの経験・日本の課題	A5判 2300円
96	只木誠 ハラルド・バウム編	債権法改正に関する比較法的検討	A5判 5500円
97	鈴木博人著	親子福祉法の比較法的研究Ⅰ	A5判 4500円
98	橋本基弘著	表現の自由 理論と解釈	A5判 4300円
99	植野妙実子著	フランスにおける憲法裁判	A5判 4500円
100	椎橋隆幸編著	日韓の刑事司法上の重要課題	A5判 3200円
101	中野目善則著	二重危険の法理	A5判 4200円
102	森勇編著	リーガルマーケットの展開と弁護士の職業像	A5判 6700円
103	丸山秀平著	ドイツ有限責任事業会社(UG)	A5判 2500円
104	椎橋隆幸編	米国刑事判例の動向Ⅴ	A5判 6900円
105	山内惟介著	比較法研究 第二巻	A5判 8000円
106	多喜寛著	STATE RECOGNITION AND *OPINIO JURIS* IN CUSTOMARY INTERNATIONAL LAW	菊判 2700円
107	西海真樹著	現代国際法論集	A5判 6800円
108	椎橋隆幸編著	裁判員裁判に関する日独比較法の検討	A5判 2900円
109	牛嶋仁編著	日米欧金融規制監督の発展と調和	A5判 4700円
110	森光著	ローマの法学と居住の保護	A5判 6700円

日本比較法研究所研究叢書

111	山内惟介著	比較法研究 第三巻	A5判 4300円
112	北村泰三 西海真樹 編著	文化多様性と国際法	A5判 4900円
113	津野義堂編著	オントロジー法学	A5判 5400円
114	椎橋隆幸編	米国刑事判例の動向Ⅵ	A5判 7500円
115	森　勇編著	弁護士の基本的義務	A5判 6300円
116	大村雅彦編著	司法アクセスの普遍化の動向	A5判 6100円
117	小杉末吉著	ロシア-タタルスターン権限区分条約論	A5判 5100円
118	椎橋隆幸著	刑事手続における犯罪被害者の法的地位	A5判 4500円
119	椎橋隆幸編	米国刑事判例の動向Ⅶ	A5判 7200円
120	70周年記念叢書編集委員会編	グローバリゼーションを超えて	A5判 6000円
121	鈴木彰雄著	刑法論集	A5判 3600円

＊価格は本体価格です。別途消費税が必要です。